WAGNER

WJS CORSO

WJS

Peter Wapnewski

Liebestod und Götternot

Zum »Tristan« und zum »Ring des Nibelungen«

CORSO bei Siedler

Vorbemerkung

Zwei Essays zu zwei der grössten Werke unserer Operngeschichte. Sie arbeiten mit unterschiedlichen Methoden gemäß unterschiedlicher Themenstellung und Sachlage.

Im einen Falle geht es um den Versuch, der gewaltigen Stoffmasse der Nibelungentragödie Klarheit zu entringen inmitten der sich überlagernden, widerstrebenden, auch widersprechenden Schichten und Vorgänge. Klarheit mit Hilfe des dinglichen Zentrums der kolossalischen Fabel: des verfluchten Rings. Denn hier gilt durchaus das Wort des eminenten Literaturkenners und Romanisten Hellmuth Petriconi, das ich dem »Ring«-Aufsatz als Motto vorangestellt habe und das deutlich genug Ausdruck der Verlegenheit ist, die auch den Belehrten und Gutwilligen befällt bei dem Versuch zu verstehen, »wer aus welchen Gründen jeweils den Ring trägt«.

Das prinzipiell unlösbare Ineinander von Wort und Ton, von dichterischem und musikalischem Geschehen in Wagners Werk nötigt zum Begreifen jedes Details in diesem gewaltigen und gewalttätigen Geschehenskomplex. Wer meint, auf solches Verstehen der Teile verzichten zu können – auch auf das Verstehen von widersprüchlichen oder ungelösten Positionen –, verzichtet auf das Verstehen des Ganzen. Der fatale Ring gilt uns hier als Ariadnefaden durch das Labyrinth der mythenträchtigen und gedankenmächtigen Tetralogie.

Ganz anders der Zugang zur »Tristan«-Materie. Hier geht es nicht um die fabelimmanente Erhellung stofflicher Zusammenhänge, sondern um die komplexe Beziehung der persönlichen, ja privaten Disposition des Schöpfers zu seinem erklärungsbedürftigen Werk. Leidenschaftliche Affekte, ausgelöst durch die Liebe zu Mathilde Wesendonck, äußern sich auf nahezu rührende Weise in einer Eifersuchtsepisode durchaus marginalen, aber den Künstler und Liebenden heftig aufwühlenden Charakters. Der große italienische Kulturhistoriker (und spätere Politiker) Francesco De Sanctis wird zum auslösenden Moment einer künstlerisch-intellektuellen und doch ganz emotionalen Konfession. Sie nötigt Wagner, sich in der eingebildeten Rolle der Rivalität gegen die Meinung des anderen zu empören, nötigt ihn, der geliebten Frau die eigene Position emphatisch zu erläutern und auf solche Weise nicht nur Wagner über De Sanctis, sondern Schopenhauer über Goethe (und seinen »Faust«) obsiegen zu lassen.

So liefert das private Zeugnis der »Morgenbeichte« einen elementaren Kommentar zum Urgrund des »Tristan«, den es ohne Mathilde nicht als Kunst, ohne Schopenhauer nicht als Philosophie gäbe.

Berlin, im Herbst 1987 *P.W.*

Der Ring und sein Kreislauf

Überlegungen zum Textverständnis der »Götterdämmerung«

Die Schwierigkeiten werden hier durch den fatalen Ring vermehrt, den erst Siegfried, dann Brünnhilde, dann wieder Siegfried hat, so daß man, kaum daß man das Stück gelesen hat, schon nicht mehr weiß, wer aus welchen Gründen jeweils den Ring trägt.
Hellmuth Petriconi

Die Stationen

ANFANG UND ENDE SIND DEUTLICH: WAS ALS GOLD dem Rhein geraubt und zum Ring geschmiedet wurde, wird dem Rhein als Ring, als Gold zurückgegeben. Auch ist der erste Teil des Weges unschwer zu verfolgen:

Die Stationen heißen: Alberich – Wotan – Fafner – Siegfried – Brünnhilde. Was bis hierher, also bis zum Beginn der »Götterdämmerung«, lediglich Objekt von Goldgier und Machtwillen war, wird jedoch nunmehr Subjekt, wird handelnde dramatische Energie: Betrug und Doppelspiel, Eid und Meineid anstiftend. Funktion und Weg des Rings sind für die Phase der mordträchtigen Aktionen vom Vorspiel der »Götterdämmerung« über die drei Aufzüge bis hin zum Ende nicht leicht zu durchschauen. Denn hier wird die an sich einsträngig-einfache (wenn auch nicht immer einfach zu verstehende) Handlung der Tragödie durchwirkt von den irritierenden Elementen eines Intrigen-Stücks.

Was war? Und was wird daraus? Nornenfragen zwar, auf die es indes für diesen Teil des Ganzen immerhin eine Antwort gibt.

»GÖTTERDÄMMERUNG«, VORSPIEL: SIEGFRIED UND Brünnhilde, kaum daß sie einander in Liebe erweckt haben, nehmen Abschied. Warum er, »teurer Helde«, nunmehr schon wieder »zu neuen Taten« aufbrechen muß (nachdem er endlich doch sein Ziel, das Fürchtenlernen, erreicht hat), bleibt von der inneren Logik der Personen her unklar, erklärt sich indes leicht aus dem Systemzwang der Vorlage, der großen Konzeption: Die Tragödie steuert zwanghaft zu auf »Siegfrieds Tod«. Auch Cosima, scheint es, hat sich darüber gewundert, – und muß sich wie wir abfinden mit des großen Spielherren pragmatisch-nüchterner Begründung: Auf Raub müsse Siegfried ausgehen, »nun müssen sie sich ernähren, er muß einige Könige tributpflichtig machen« (Tagebuch vom 4. XII. 1873).

Die Szene selbst würde von einem sie soziologisch und wirtschaftshistorisch analysierenden Betrachter als klassisches Exempel für Vorgänge innerhalb einer (»bürgerlichen«) Warentauschgesellschaft charakterisiert werden: Wer gibt was wofür?

Brünnhilde hat ihre Gottheit, ihre numinose Kraft hingegeben, ist nurmehr Mensch, liebender Mensch:

Was Götter mich wiesen,
gab ich dir:
heiliger Runen

reichen Hort;
doch meiner Stärke
magdlichen Stamm
nahm mir der Held,
dem ich nun mich neige.

Diese »Runen« sind das Geheimnis von Siegfrieds Unverwundbarkeit – und nur seinen Rücken schützen sie nicht, da die solchermaßen schützend Schenkende wußte: nie würde Siegfried ihn dem Feinde bieten (»Götterdämmerung« II, 5: »An ihm drum spart' ich den Segen«). Es muß freilich gleich hier gesagt werden: die göttliche Mitgift beschränkt sich offenbar auf diesen physischen Schutz, sie geleitet Siegfried so wenig im Schutzmantel der Weisheit, wie sie ihn auch nicht vor Verführung, landsknechthaftem Draufgängertum und bedenklicher Komplizenschaft bewahrt.

Eine Mitgift ist der anderen wert, Siegfried zieht Alberichs Ring vom Finger, und:

zum Tausche deiner Runen
reich' ich dir diesen Ring.

Einen Ring, dem in diesem Augenblick Siegfried keineswegs seine eigentliche Magie zuspricht, seine weltbeherrschende Kraft nämlich, – denn von ihr will der junge Held nichts wissen. Sondern den er, respondierend, mit ähnlicher Magie begabt wie sie dem Runenzauber innewohnt:

Was der Taten je ich schuf,
des' Tugend schließt er ein (...).
Nun wahre du seine Kraft
als Weihegruß meiner Treu'.

Der Ring als dingliche Manifestation dieser Liebe, ihrer Treue, ihrer Eide. Brünnhilde:

Ihn geiz' ich als einziges Gut!

Und weiter setzt sich das Tauschbedürfnis fort:

Für den Ring nimm nun auch mein Roß!

Wenngleich Grane nicht anders als seine Herrin seine magisch-göttlichen Qualitäten eingebüßt hat (nämlich seine Flugfähigkeit), so wird er dennoch ein gutes Roß sein: »grauenlos folgt dir Grane«.

So trennen sie sich denn, nehmen Abschied, total einander hingegeben, ungeschieden auch in der Trennung, in jubelndem Zwiegesang ihr Heil und das der Welt beschwörend, – und werden sich nur als Verlorene wiedersehen, im Tode erst einander recht erkennen.

Das Liebespfand

Der Ring wird nunmehr seiner eigentlichen Rolle untreu. Nicht mehr ist er Werkzeug zum Weltregiment: denn diese Funktion hat er nur für den, der sie wissentlich wahrnimmt, – und entsprechend ist bei solcher »Neutralisierung« auch die komplementäre Energie, nämlich die Gewalt des Fluches, aufgehoben:

An dem furchtlosen Helden
erlahmt selbst mein Fluch:
denn nicht kennt er
des Ringes Wert,
zu nichts nützt er
die neidlichste Macht ...

– so Alberich zu Hagen, dem Sohn (II, 1).

Daß indes auch Brünnhilde ahnungslos bleibt, sich zumindest ahnungslos gibt, ist verwunderlich. Denn in jenem ausladenden, todessehnsüchtigen und endseligen Monolog mit der geliebten Tochter, dem philosophischen (auch handlungstechnisch aufschließenden) Kern der ganzen gewaltigen Tetralogie (»Walküre«, II, 2) hat Wotan ja kein Hehl gemacht aus der blutigen Geschichte des verfluchten Goldes, aus den furchtbaren Funktionen von »des Ringes Runen«. Des Reifs, den zu jenem (mythischen) Zeitpunkt noch Fafner raffig bebrütet:

Ihm müßt' ich den Reif entringen,
den selbst als Zoll ich ihm zahlte ...

Nunmehr aber ist der Ring für die einstige Walküre, für die jetzt total der Liebe gehörende Frau nichts als pures Pfand, als Symbol: für die End-Losigkeit dieser Beziehung, für die Reinheit ihrer Treue, die heilige Gültigkeit ihrer Eide. So ganz ist sie eingenommen von dieser neuen und an sich »ungefährlichen« Kraft des Kleinods, daß sie auf diese Weise wieder seine frühere Funktion als Fluch-Träger und Todesinstrument aktiviert: indem sie ihn Waltraute verweigert. Und das mit einem Pathos, das in wohl gelegentlich als »germanisch« bezeichneter Todessehnsucht und Untergangsinbrunst das Ende der Götter mit frenetischer Gebärde in Kauf nimmt, vorwegnimmt (I, 3):

Ha, weißt du, was er mir ist?
Wie kannst du's fassen,
fühllose Maid!
Mehr als Walhalls Wonne,
mehr als der Ewigen Ruhm
ist mir der Ring. (...)
Denn selig aus ihm
leuchtet mir Siegfrieds Liebe. (...)
Geh hin zu der Götter
heiligen Rat!
Von meinem Ringe
raune ihnen zu:
Die Liebe ließe ich nie,
mir nähmen nie sie die Liebe,
stürzt' auch in Trümmern
Walhalls strahlende Pracht!

Eine verhängnisvolle Obsession, wenige (Bühnen-)Minuten später wird der Reif ihr von einem »Freier« genommen werden.

Solch wütende Weigerung ist in der Tat erstaunlich, nicht nur angesichts des zu unterstellenden Vorwissens sondern vor allem angesichts der Botschaft Waltrautes, die flehend Wotans Worte zitiert, die an die geliebte Tochter Brünnhilde gerichteten:

»Des tiefen Rheines Töchtern
gäbe den Ring sie wieder zurück,
von des Fluches Last
erlöst wär' Gott und die Welt!«

»Aber die Mensch gewordene Brünnhilde weigert sich; ihr ist der Ring etwas ganz anderes: Symbol der Liebe zwischen ihr und Siegfried« (Schickling)[1].

Waltraute, nicht begreifend, verstärkt noch die Bitte, die doch eher ein Befehl ist, indem sie »heftig« drängt:

... hör meinen Rat:
für Wotan wirf ihn von dir!

Vergebens – Brünnhilde ist nicht länger mehr hellsichtig, sie liebt, und nichts als das. Selbst Alberich, wahrlich ein Zyniker, überschätzt noch den Handlungsspielraum der Befangenen in zweifelnder Kalkulation (II, 1):

Ein weises Weib
lebt dem Wälsung zulieb:
riet' es ihm je
des Rheines Töchtern,
die in Wassers Tiefen
einst mich betört,
zurückzugeben den Ring,
verloren ging' mir das Gold,
keine List erlangte es je.

Sie ist kein weises Weib mehr, Alberich weiß nicht, kann nicht wissen, was Liebe vermag. Doch wird man auch die dramaturgische Idee nicht abtun dürfen, die Brünnhildes »falsches« unheilvolles (Nicht-)Handeln erklärt aus dem Umstand, daß sie in bezug auf die Ring-Magie ja nicht gänzlich ahnungslos, nicht also »unschuldig« ist, – und daß solche wenn auch »unwissende« Kenntnis seiner Macht beharrlich Katalysator seiner Fluchwirkung sein muß.

Nunmehr ist der Ring dramaturgisches Werkzeug, direkte handlungstreibende Energie, was ohne einige Schwierigkeiten und Verwerfungen des logischen Gefüges nicht abgeht. Dergleichen feingesponnene Wirrnis freilich ist alte Operntradition, – von der sich Wagner so total ja nun auch wieder nicht löst, wie seine Theorie es von ihm fordert (und zumal in der »Götterdämmerung« versagt er sich ihr erfolgreich): Wer etwa sich weismacht, er vermöge – auch nach frischer Lektüre von Beaumarchais' Text oder da Pontes Libretto – die Fabel von Mozarts »Figaro« mit ihrem Qui pro quo, ihren Verfädelungen und Maskentäuschereien bündig darzustellen, der wird sehr bald kleinmütig resignieren. Wagners Logik ist strenger, – aber auch seine Handlungsführung ist immerhin so kompliziert, daß etwa der literaturerfahrene Romanist Hellmuth Petriconi die Verwirrung in den jeweiligen Besitzverhältnissen des Ringes rechtens beklagt.[2]

Ankunft und Tausch

Während nun Brünnhilde aus der Inbrunst ihres Gefühls heraus um zweier Liebender willen das ganze Göttergeschlecht und also Weltengeschick dem Untergang preiszugeben bereit ist, hat Siegfried sie längst verraten, ist Siegfried »Gunthers Mann« geworden – in einem Tauschgeschäftsgang: um Gutrune zur Frau zu erlangen. Das ist Hagens Werk, er mischte das Gift, übernimmt die Regie: den Ring muß er haben . . .

Was weiß Hagen? Ihm obliegt es – da folgt Wagner der dritten Aventiure des Nibelungenliedes –, seinen Herren Siegfrieds Vorgeschichte darzulegen: Drachenkampf und Horterwerb. Von der weltenzwingenden Kraft des Ringes freilich spricht er schlau nur verschlüsselt: Wer den von Siegfried eroberten Nibelungenhort

. . . wohl (. . .) zu nützen wüßt',
dem neigte sich wahrlich die Welt.

Solchem Wissensfundus, der sich »logisch« erklärt aus den irrationalen Wesensschichten des Dämons, verbindet sich ein zweiter Handlungsstrang: Hagen argumentiert als dynastisch denkender Machtpolitiker und wünscht seinen königlichen Halbgeschwistern die strahlendsten Ehepartner, den stärksten Mann, die stärkste Frau: Siegfried also, – und jenes Weib, »das herrlichste der Welt«. Das in seiner Kraft nur durch den herrlichsten Mann, also Siegfried, erobert werden kann. Daß dies Ereignis schon geschehen, schon Vergangenheit ist, scheint Hagen nicht zu wissen. Er wird es erst schließen aus Siegfrieds arglosem Geständnis: den Ring hüte »ein hehres Weib«.

Die Paarung der Ungleichen wird gelingen dank Zauberkunst, Gutrune wird der Köder sein, mit dessen Hilfe der eingefangene Siegfried – als Werkzeug von Hagens Strategie – für Gunther die Braut heimführt.

Wie steht es um die Wirkung des Tranks, der komplizierter gebraut ist als der pure Liebestrank der Königin Isolde? Zum einen ist er Liebestrank:

den Helden, des du verlangst,
bindet er liebend an dich.

Aber Siegfried soll nicht dem Widerstreit zweier ihn bindender Sehnsuchtskräfte ambivalent ausgesetzt sein, – er soll also auch vergessen:

daß vor dir ein Weib er ersah,
daß je ein Weib ihm genaht,
vergessen müßt' er des ganz . . .

Nur selektiv also – und das ist von besonderer Diabolik – wirkt die Vergessenssubstanz, Siegfried bewahrt weiterhin unversehrt all jenes Wissen in der Erinnerung, das nicht zu tun hat mit seiner Liebe, mit Brünnhilde.

Daß auf diesem hohen Stand kultivierten Bewußtseins ein derart grobes Mittel wie ein Zaubertrank nicht als faktisches Movens sondern als Metapher für die eigentlich bewegenden Seelenkräfte verstanden werden muß (nicht anders als in Gottfrieds und Wagners »Tristan«); daß die Giftmischung nichts ist als Chiffre für das Gift der Seele, wie es den jungen weltverblendeten Helden ganz durchdringt, – das ist an anderer Stelle dargelegt, und ich erwähne es mithin hier nur beiläufig.[3]

Dieser Siegfried also verfügt über den Weltherrschaft verleihenden Ring; hat die Liebe der herrlichsten Frau zwischen Himmel und Erde; ist gerüstet mit Unverwundbarkeit dank der zauberischen Mitgift seiner Geliebten; besitzt Wotans Machtanspruch, dem er den Speer zerschlagen hat, – und was tut er? »Bruderbrünstig« in männerbündischer Kameradie, im dumpfen Dunst männlichen Gemeinsamkeitswahns läßt er sich ein auf das schäbigste Betrugsspiel, das je Menschen sich ausgedacht haben, das je an einem Menschen vollzogen wurde. Brünnhilde wird würdelos degradiert zum Kaufpreis des Brautbetts mit Gutrune. Der fatale Geist des Tauschverkehrs, der schon – wenngleich auf noble Art – die Abschiedsszene Siegfried-Brünnhilde bestimmt hatte, breitet sich hier weiter aus. Die heldischen Herren bieten einander in der Gibichungenhalle Hand und Herz zum Bund, – und anfänglich wehrt Gunther, als vom Nibelungenhort die Rede ist, noch mit bescheidener Geste ab:

Nicht, Siegfried, sollst du mir tauschen:
Tand gäb' ich für dein Geschmeid…

Das ändert sich mit dem unheilvollen Trank, da geht es nicht mehr um Materie sondern um Menschen, vom coup de foudre getroffen stürzt Siegfried sich auf Gutrune (und ein Regisseur wäre gut beraten, wenn er den Chiffren-Charakter des Tranks dadurch deutlich machte, daß er den frohen Helden schon vor dem ersten »Trunk zu treuer Minne« als durch Gutrune fasziniert darstellt).

Von schrecklicher Ironie Siegfrieds erste Reaktion, er fragt, wie die Prinzessin heiße, und spielt dann – als wäre er nicht der Waldbauernbub, sondern der Meister höfischer Konversation – mit dem Namen »Gutrune«:

Sind's gute Runen,
die ihrem Aug' ich entrate?

Gute Runen, wahrlich, hatte Brünnhilde ihm als ihre Brautgabe vermacht, – die helfen nun nicht mehr, da er nach anderen sucht. (Etymologisch setzt sich der Name *Gutrun(e)* übrigens zusammen aus den Bestandteilen *gu(n)d-* und *rûn-*, und bedeutet also »Kampf-Rune«, »Kampf-Geheimnis«.)

Getreu der Strategie Hagens bringt Gunther jetzt die ferne Felsenfrau ins Spiel, in Siegfried zuckt bewußtlos verdämmernde Erinnerung auf, um gleich gänzlich zu verblassen. Markig schlägt er das schlimme Spiel vor als Teil des simplen Tauschverfahrens, eine Frau um die andere:

...für dich frei ich die Frau (...);
und mein Mut ist dein,
gewinn ich mir Gutrun' zum Weib.

Darauf Gunther:

Gutrune gönn ich dir gerne.

Darauf Siegfried:

Brünnhilde bring ich dir.

In dieser bewußlos argumentierenden Männergesellschaft ist die Frau Tauschobjekt und Währung. Daß der junge Lichtheld sich einläßt auf solches Geschäft, ist grundsätzlich schlimm genug, – indessen, daß man sich für den Freund schlägt, ist wiederum das schlechteste Teil nicht der alten Kriegerethik und ihrer Grundfigur, der »Compagnonnage«. Schlimmer ist und furchtbar, daß, der hier seine Kraft dem Bruder zur Verfügung stellt, es unter tätiger Beihilfe der schäbigsten Täuschungsabsicht tut. Das geht nicht an.

Der treue Verräter

Hagen weiss mittlerweile »alles«, – das heisst er weiß auch, daß Siegfried Brünnhilde zuvor schon erobert und erweckt hat: Auf seine gierige Frage

Sonst nichts entnahmst du dem Hort?

antwortet Siegfried simpel: »Einen Ring«. Darauf wieder Hagen: »Den hütest du wohl?«; und Siegfried wieder ganz arglos-einfach: »Den hütet ein hehres Weib«: – da schießt es heraus aus Hagen: »Brünnhild! . . .«.

Eine Erkenntnis, die er in seinem düster-gewaltigen Monolog vor der Halle münden läßt in den höhnischen Zynismus: Ein starker Held führe Gibichs Sohne das Steuer, und also:

Die eigene Braut
ihm bringt er zum Rhein . . .

Ihm aber, Hagen, wird er den Ring bringen, – vermeint der Ränkeschmied. Dessen Zynismus sich verlängert in furchtbarer Ironie durch das Apostrophieren der »freien Söhne«, die doch – Hagen weiß es – gefangen sind in den Banden ihres blinden Ehrgeizes, ihrer verblendeten Glücksvisionen. Hagen freilich denkt an die ehernen Fesseln, in die er, der Herr, sie schlagen wird, wenn es so weit erst ist.

Das Wissen Hagens wird dann nurmehr bestätigt durch die resümierende Partie der Ersten Szene des Zweiten Aufzugs, in der Wagner wiederholungssüchtig Alberich nötigt, den mit offenen Augen schlafenden bleichen Helden noch einmal zu informieren und zu verpflichten. Hagen schwört: »Den Ring soll ich haben.« Schwört es nicht dem aufreizenden Vater-Alben, er schwört es sich selbst. Furchtbar kündigt der letzte Ausruf das Thema der Treue und des Treubruchs an: »Sei treu! Sei treu! – Treu!«. Auch dies ist Treue – so pervers sie sich ausnimmt.[4]

Währenddessen hat Siegfried die Treue gebrochen.

Der Ring, von dem Brünnhilde zu Recht annehmen durfte, daß er sie beschütze, – er wird ihr geraubt von dem einzigen, gegen den er sie nicht schützen kann. Siegfried ist wirklich von allen guten Geistern verlassen, in schier unfaßlicher Verlogenheit stellt er sich seinem Opfer vor, von der Euphorie eines gewinnsüchtigen Falschspielers fortgerissen:

Ein Gibichung bin ich,
und Gunther heißt der Held,
dem, Frau, du folgen sollst.

Stellvertretend für den schwachen Blutsbruder reißt Siegfried der unglücklichen Frau den Reif vom Finger:

Mannesrecht gebe er Gunther,
durch den Ring sei ihm vermählt!

(Daß er hier von »sich«, dem vorgeblichen Gunther, in der 3. Person spricht, könnte auffallend sein, – wenn die Betrogene für solche Feinheiten noch Sinn haben dürfte.) Und »wie zerbrochen« sinkt sie nieder nach dem Gewaltstreich, wird in das Brautgemach gezwungen, das Schwert zwischen ihm und ihr, die doch unzertrennlich gedacht waren.

Dann eilt der »geschwinde Helde« vom Brünnhildenstein zur Gibichsburg, er kann die solchermaßen erdiente Brautnacht kaum erwarten, und wie ein rechter Jäger giert er danach, Gutrune und ihrem Halbbruder die Geschichte des Beutemachens zu erzählen:

Euch beiden meld' ich
wie ich Brünnhild' band.

Das Glück macht ihn gar poetisch, er fügt den magischen Klang von drei Götternamen in Erfolgsbericht und Gruß ein, nämlich *Freia*, *Holda* und *Froh* (zu Gutrune):

Frei und hold
sei nun mir Frohem:
zum Weib gewann ich dich heut.

Es mutet indessen nicht verwunderlich an, daß seine Darstellung des furchtbaren Täuschungsmanövers gewisses Unverständnis auslöst. Stolz prahlt der Eroberer:

Ihrem Mann gehorchte Brünnhild'
eine volle bräutliche Nacht.

Darauf sehr zu Recht die eifersüchtige Gutrune:

Als ihr Mann doch galtest du?

– worauf Siegfried galant:

Bei Gutrune weilte Siegfried.

Denn wie der Nord den Westen vom Osten trennt, so trennte Notung in dieser Nacht die Frau und den Mann.

Warum dann überhaupt die fatale Brautnacht? Hätte Siegfried nicht gut getan, die im Ring-Kampf Überwältigte gleich hinabzuführen ans Schiff zum besorgt wartenden Gunther? Hier wird man wohl die mythische Aussagekraft alter Rechtsgestik bedenken müssen: Auch die Sitte des »keuschen Beilagers« (man denke an die sogenannten Tobias-Nächte) gilt als Bestätigungs-Ritual. Entscheidend freilich für die Schürzung von Wagners tragisch-dramatischem Knoten ist ein anderes: der Ring am Finger des Eroberers wird als Zeichen »sprechend« erst, wenn eine Nacht hinzukommt: Ohne die Nacht kein eifersüchtiger, den Mordplan gutheißender Gunther.

Nun die dramatische Szene des Einzugs der frohen Helden, der gebrochenen Frau (II, 4): »Zwei sel'ge Paare« sieht der verblendete Gunther »prangen«:

Brünnhild' und Gunther,
Gutrun' und Siegfried!

Die scheinbar schlichte Formulierung enthält furchtbare Ironie. Sie liegt in der Erinnerung an die kopulative Wirkung der Kopula »und«: In der Abschiedsszene Brünnhilde-Siegfried hatte sie gefragt: »So wärst du Siegfried *und* Brünnhild?« – und damit präludiert, was das »süße Wörtlein ›und‹« später (das heißt in dem später gedichteten Text) für Tristan und Isolde bedeuten wird.[5]

Die Nennung des Namens »Siegfried« läßt

Brünnhilde, die »bleich und gesenkten Blickes« das Land betreten hat, aufschrecken. Sie erkennt, nicht begreifend, Siegfried, der sie nicht erkennt. Erkennt den Ring an seiner Hand, schreit auf »mit furchtbarer Heftigkeit«. Da wittert Hagen die Chance: der Brautbetrug, scheinbar Siegfrieds Glück bestätigend, erweist sich als Anfang seines Endes. Die nun fällige Aufdeckung gibt Hagen das Mordwerkzeug in die Hand:

Jetzt merket klug,
was die Frau euch klagt!

Brünnhild verlangt in jagender Verzweiflung Aufklärung von Siegfried: Nicht er, sondern Gunther sei es doch gewesen, der ihr den Reif entrissen habe:

Wie mochtest von ihm
den Ring du empfahn?

Nunmehr reagiert Siegfried merkwürdig, und über seine Verwunderung hat man sich zu Recht verwundert. Denn daß er Brünnhild als seine Braut vergessen hat, wissen wir. Jedoch, daß er den zentralen – von ihm als solchen arrangierten – Vorgang des Ringraubes vergessen haben kann, ist schwer begreiflich. Hat hier der Pater Homerus, der große Bühnen-Hexenmeister Richard Wagner geschlafen? Das mag sein, und schon die Feststellung des Defekts mildert dessen Makel. Da wir uns aber hier in einer Welt bewegen, in der mythische, psychologische, historische und soziale Realitäten und Existenzschichten einander ständig überlagern und verwerfen, kann man sehr wohl argumentieren: es habe die magische Kraft des Rings diesen Siegfried, nachdem er, legitimer Eigentümer, ihn wieder an sich genommen (wenn irgend überhaupt in diesem Kampf etwas »legitim« und »Eigentum« genannt werden kann), in den großen Zusammenhang erneut eingefügt; habe ihn das schäbig-kleinliche aber tödliche Betrugsmanöver vergessen oder aber eben – das Wort sei gewagt – verdrängen lassen. Was freilich voraussetzt, daß er sich des Schändlichen seiner Handlungsweise (des frivolsten Betruges – nicht an Brünnhilde, wohl aber – an einer Unschuldigen) immerhin im Unbewußten ahnend bewußt wäre.

In »fernes Sinnen« ist er entrückt, die eigene Vorzeit, die eigene Zeit zeichnet sich schattenhaft erahnt durch den Vorhang des Vergessenstranks wieder ab:

Von keinem Weib
kam mir der Reif;
noch war's ein Weib,
dem ich ihn abgewann ...

Vielmehr: erkämpft »vor Neidhöhl« hat er ihn. Brünnhilde aber, noch befangen im Bannkreis der brutalen Logik des Betrugsmanövers, fordert von Gunther als dem »rechtmäßigen« Ringeigentümer, er solle das Pfand ihrer beider Vermählung zurückfordern. Die tölpelhafte Verlegenheit der zwei Komplizen aber läßt sie blitzhaft die Wahrheit erkennen, »wütend« fährt sie auf:

Ha! – Dieser war es,
der mir den Ring entriß:
Siegfried, der trugvolle Dieb!

Sehr schnell hat sie das Gespinst aus Lüge und Verrat zerrissen (was ihr, denkt man strikt logisch, erleichtert worden sein mag durch die einbeziehende Kenntnis des Tarnhelms, den Siegfried ja auch bei ihrer Erweckung mit sich trug und von dessen Zauber damals wohl die Rede hat sein müssen).

Nun beginnt ein schreckliches Doppelspiel mit den Begriffen Treue, Verrat und Eid. Die Bezugspunkte dieser zentralen ethischen Begriffe sind jeweils unterschiedlich fixiert: Für Brünnhilde geht es um die grauenvolle und ihr nach wie vor unbegreifliche Zerstörung von ihrer beider Liebe, um die Eide, die sie und Siegfried sich vor ihrem Abschied geschworen. Für Siegfried und Gunther, die getäuschten Täuscher, geht es um die Eroberungs-Maskerade mit ihrer symbolischen Brautnacht. Nur Hagen weiß das eine wie das andere und spielt ein teuflisches Spiel und täuscht die Sinne in einem raffinierten Austausch-Manöver. Das heißt, er leitet Brünnhildes furiosen Betrugsvorwurf raffiniert um von jenem ersten Besuch Siegfrieds bei Brünnhild auf seinen zweiten.

Hagen geht es allein um das Rachemord-Potential, das sich gewinnen läßt aus der grauenvollen Nutzung der Begriffe und der ihnen zugrundeliegenden Krieger- und Herren-Ethik. Wenn, sagt er in perfider Scheinheiligkeit, Brünnhilde in Siegfrieds Ring jenen Reif erkennt, den sie Gunther »gab« (gab!), so ist er Gunthers,

und Siegfried gewann ihn durch Trug,
den der Treulose büßen sollt'!

Eine an sich sinnlose Verdächtigung, sie kann sich nicht auf betrügerisches Brautbett-Verhalten Siegfrieds beziehen, denn noch gilt die Fiktion: Gunther war es, der die Ringbesitzerin eroberte – und damit den Ring. Wenn jetzt Siegfried ihn trägt, ist das ein gänzlich unmotivierter und willkürlich hinzuerfundener »Trug«-Fall, eine blinde Spur.

Brünnhilde aber ist jetzt außer sich, außerhalb der konkreten Situation, ist nurmehr Flamme ihres furchtbaren Zorns als Folge des unbegreiflichen Verratvorgangs: »In furchtbarstem Schmerze aufschreiend«:

Betrug! Betrug!
Schändlichster Betrug!
Verrat! Verat!
Wie noch nie er gerächt!

Nunmehr deckt sie auf, deckt ihre Wahrheit auf, die nicht die der Betrüger ist, nennt sehr scharfsichtig Gunther »Verräter! Selbst Verratner!«, meint nunmehr immer Siegfrieds ersten Walkürenfelsen-Besuch, wo die anderen an den ihren, den zweiten also denken, und macht die furchtbare Eröffnung, daß sie nicht Gunther, sondern Siegfried angehöre:

Wisset denn alle:
nicht ihm –
dem Manne dort
bin ich vermählt.

Und, schärfer noch aufreizend:

Er zwang mir Lust
und Liebe ab.

Das kann »der Mann dort« nicht hinnehmen, nun bricht die Wahrheit aus ihm heraus, soweit er noch über sie verfügt, und er läßt sich zu einem Geständnis hinreißen, das in der Tat erstaunlich und innerhalb der Handlung höchst bedrohlich ist, – dramaturgisch aber merkwürdigerweise folgenlos bleibt: Er deckt vor aller Welt das Betrugsmanöver auf, tut es indirekt aber eindeutig, degradiert damit vor dessen Mannen Gunther zur Marionette, – solcherlei Desavouierung kann ein Herrscher nicht überstehen. Siegfried weist Brünnhildes scheinbar lästernde Zunge in ihre Schranken, denn:

Blutbrüderschaft
hab ich Gunther geschworen:
Notung, das werte Schwert,
wahrte der Treue Eid;
mich trennte seine Schärfe
von diesem traur'gen Weib.

Man traut seinen Ohren nicht. Den Mannen geht es nicht anders, auch sie sind verwirrt, nicht aber scheint sie das abgekartete Spiel – und damit ihres Königs nunmehr in Frage gestellte Eroberungstat – zu interessieren sondern lediglich die Begriffskette Treue – Betrug – Ehre. Siegfried wird aufgefordert, die »Klage« (Anklage) zu »schweigen«, also zum Verstummen zu bringen.[6]

Siegfried schwört. Und hält sich vordergründig an die Wahrheit, in der Tat, er »brach dem Bruder« nicht »die Treu'«. Dagegen setzt Brünnhilde ihren Schwur, der nicht ganz so unbedenklich wahr ist: denn daß Siegfried Gunther nicht betrog, weiß sie. Sie weiß, daß in jener symbolischen Brautnacht Notung das Schwert Mann und Frau trennte. Aber sie denkt zwanghaft an eine andere, eine frühere Nacht, hat zuvor schon von ihr gesprochen, und in solchem Zusammenhang von Notungs anderer Rolle. Die, wer mag, sexualsymbolisch aufschlüsseln kann, die Wortwahl macht es ihm leicht: Notung das Schwert, das »den festen Helm erbrach« (Vorspiel) – seine Schärfe zwar ist Brünnhilde bekannt:

doch kenn ich auch die Scheide,
darin so wonnig
ruht' an der Wand
Notung der treue Freund,
als die Traute sein Herr sich gefreit.

Nunmehr bekräftigt Brünnhildes Eid diese Version der »ersten Wahrheit« und behauptet damit also,

Siegfried habe falsch geschworen. Ihre betreffenden Verse sind in ihrer geballten Heftigkeit nicht leicht zu verstehen, gemeint ist wohl: Wer so in der Totalität seiner Person sich selbst verraten hat, der ist dann auch in jeder seiner Einzel-Handlungen ein Verräter. Das scheinen die Schwur-Worte zu meinen, und jedenfalls schützen sie nur in dieser Deutung Brünnhilde vor dem Delikt des Meineids:

denn, brach seine Eide er all',
schwur Meineid jetzt dieser Mann!

Das ist genug, Hagen hat, was er braucht, das Anklagematerial reicht aus. Siegfried aber in sträflich-argloser Unbeschwertheit ruft zum frohen Hochzeitsmahle, – und das Volk, wie es nun einmal ist, folgt der schöneren Vision gerne, um der übleren Wirklichkeit zu entgehen.

Dissonanzen-Terzett

Folgt in der Fünften Szene des Zweiten Aufzugs die Mordverschwörung der Drei, von denen jeder aus einem anderen Motiv handelt: Hagen aus dem des mörderischen Intriganten, Gunther als betrogener Ehemann, – das sind bewährte Opernklischees. Brünnhilde aber hat all ihr Wissen, ihre Runen, also ihr Wesen hingegeben an den, der sie jetzt so grauenhaft mißbraucht. Sie will an Siegfried den großen Lebensverrat rächen, der (ihn und) sie um ihr Schicksal gebracht hat: »Dich verriet er«, ruft sie Gunther zu, was wiederum nur in jenem überhöhten Sinne stimmt, den die nächsten Verse andeuten:

Dich verriet er,
und mich verrietet ihr alle!
Wär' ich gerecht,
alles Blut der Welt
büßte mir nicht eure Schuld!
Doch des einen Tod
taugt mir für alle:
Siegfried falle
zur Sühne für sich und euch!

Mit den gleichen Worten meinen Brünnhilde und Gunther sehr Ungleiches, wenn sie rufen:

Sühn' er die Schmach,
die er mir schuf!

Mit größter Virtuosität führt Wagner hier, alles Lebens Widerspruch demonstrierend, die Stimmen: mit eben den gleichen Worten beschwören Brünnhilde und Gunther eben den gleichen Gott als Schirmherrn für die einander doch ausschließenden Fälle: Wotan. Hagen hingegen betet zu Luzifer, betet zu dem »gefallenen Fürsten« Alberich. Der ineinander strömende Dreigesang als Demonstration der Dreigespaltenheit, das harmonische Terzett als Ausdruck totaler Diskordanz.

Der Mord-Gesang geht in furchtbarer Ironie auf im Hochzeitsruf des lustigen Brautzugs.

Hagen arrangiert listenreich einen Jagdzug (da hält Wagner sich wieder an das Nibelungenlied). Siegfried, von je der Einzelgänger, jagt einem Bären nach, – so war sein erster Auftritt einst in mythischer Jugendzeit. Und daß der Bär hier zwei Mal als »Albe« genannt ist, verweist gleichfalls auf mythische Zusammenhänge: der Sohn jenes Alben, der einst die Rheintöchter jagte, wird den erlegen, der jetzt nach dem Alben-Bären jagt, – und auf solchem Wege die Rheintöchter trifft. Die drei munteren Nicker mischen sich nunmehr ein in den Gang der Welt, – mischen sich wieder ein, und wieder bestimmt das Tausch-Motiv die Szene: den Ring wollen sie, – und Siegfried dafür das Wild »gönnen«, also ihn auf des Bären Fährte setzen. Das scheint dem Jäger denn doch absurd: den gewaltigen Drachen mußte er um dieses Kleinods willen erschlagen, und

für eines schlechten Bären Tatzen
böt' ich ihn nun zum Tausch?

Rhetorische Frage, – die Rheintöchter aber reizen ihn höhnend: alle männlich-schönen Eigenschaften hat er, »wie schade, daß er geizig ist!«

Geizig ist er nun gerade nicht, aber eben ein rechter Einfaltspinsel, und so läßt er sich doch tatsächlich provozieren, dergleichen Schmähung will er nicht auf sich sitzen lassen. Im Mittelstück dieser dreigeteilten Szene entschließt er sich spontan, den plötzlich weggetauchten Mädchen den Ring zu geben:

Kämen sie wieder
zum Wasserrand,
den Ring könnten sie haben ...

Aber die er jetzt als neckische Gespielinnen ruft, sie kommen als Verwandelte wieder, »ernst und feierlich«. Sie wollen den Ring nicht als leichthin abgestreiftes Geschenk, sie wollen ihm gewichtigen Tauschwert geben: Nicht mehr und nicht weniger haben sie vor, als beide, den Ring und seinen Träger, vom Fluch zu befreien; und das heißt, Siegfried endlich »bewußt« zu machen. Denn er, nach seinem Verständnis einzig legitimer Eigentümer des Ringes, ist in diesem Drama der einzige, der von des Kleinods magischer Beschaffenheit nichts wirklich weiß, nur ahnungslos von ihr vernommen hat: das Waldvögelein hat es ihm folgenlos zugezwitschert. Die Rheintöchter klären ihn auf, – und machen psychologisch einen schweren Fehler: sie verbinden nämlich die Enthüllung der Fluch-Geschichte mit Warnung und Drohung: Siegfried wird fallen, –

Und heute noch (...),
tauschest den Ring du uns nicht ...

Das hätten sie nicht tun sollen, dieser junge Kraftmensch in seiner bornierten Hybris ist von allen guten Runen verlassen, stützt sich auf sein Schwert und verkündet, Notung werde das unheilwirkende Schicksalsnetz der Nornen zerhauen. Das ist sträflich, so blind sieht und so hohl tönt nur, wen die Götter verderben wollen. Nun kommt er – unwissend-ahnungslos – auf den Ursprung des Rings zurück und geht in Alberichs Spuren: Das heißt, er erwägt das reziproke Verhältnis von Liebe und Macht: Liebesverzicht um des Machtgewinns willen, Machtverzicht um des Liebesgewinns willen. Aber er reduziert das korrelative Weltengesetz knäbisch auf sein ganz privates Maß und erwägt den billigen Genuß käuflicher Liebe:

Der Welt Erbe
gewänne mir ein Ring:
für der Minne Gunst
miß' ich ihn gern ...

Wieder also die Tausch-Mechanik:

ich geb' ihn euch, gönnt ihr mir Lust.
Doch bedroht ihr mir Leben und Leib:
faßt er nicht
eines Fingers Wert,
den Reif entringt ihr mir nicht![7]

Und er wirft mit dem Stolz einer archaischen Gebärde eine Erdscholle als Symbol »irdischen« Lebens gelassen-spielerisch hinter sich.

Die Rheintöchter geben diesen Mann auf, – und ihren Abschiedsworten merkt man an, daß auch sie der Verlust klüger gemacht, sie nicht in dem Zustand albernen Wogengetändels belassen hat, wie er fahrlässig den Raub des Rheingolds erst möglich machte. Sie singen weise (und mit verteilten Rollen):

So weise und stark
verwähnt sich der Held,
als gebunden und blind er doch ist.
Eide schwur er –
und achtet sie nicht!
Runen weiß er –
und rät sie nicht!
Ein hehrstes Gut
ward ihm gegönnt.
Daß er's verworfen,
weiß er nicht.
Nur den Ring –
Der zum Tod ihm taugt –
Den Reif nur will er sich wahren!
Leb wohl, Siegfried!

»Leb wohl!« – das ist als Wörtlichkeit ein starkes Stück Ironie aus diesem lieblich todprophezeienden Munde.

Siegfried indes hat dazu nichts zu sagen außer einer Art von Kommentar im Kasinoton: »Weiberart« habe er nun gelernt, entweder sie schmeicheln oder sie drohen oder sie keifen, – und dann beruhigt er sich mit einem Hinweis auf männliches Lustbegehren wie auf ehemännliche Treue:

Und doch,
trüg' ich nicht Gutrun' Treu',
der zieren Frauen eine
hätt' ich mir frisch gezähmt!

Die deutsche Lichtgestalt

»Trüg' ich nicht Gutrun' Treu' ...«: nicht ihr, *sich* hätte er treu sein sollen. Er aber hat sich verraten, hat den Entwurf verraten, nach dem er gemacht war, die Idee von sich selbst.

Es ist nicht leicht zu verstehen, auf welchem Weg der Siegfried des Nibelungenliedes, der Siegfried Wagners zu einer national-symbolischen Lichtgestalt, zum Heros einer Wilhelminischen Epoche (die historisch nicht einfach durch die Gestalt und Zeit Wilhelms II. einzugrenzen ist) werden konnte. Aus Weltstreben, Liebesgier, Geltungsdrang erniedrigt sich der Auserwählte in knäbischer Arglosigkeit zu schäbigster Rolle; ist er bereit, die traurigste Figur abzugeben in einem übeln Betrugsmanöver, von dem er weiß, daß sein Opfer eine ebenso herrliche wie unschuldige Frau sein wird: die er erledigt. (Und im Nibelungenlied gibt er sich gar zwei Mal her für das düstere Spiel: im Waffen-Sportkampf wie im Brautgemach.) Völker und Zeiten können auch daran erkannt, gemessen werden, welche Leitbilder und Sehnsuchtsträger sie sich wählen. Die Deutschen und ihr Siegfried sind ein schmerzlicher Abschnitt unserer Geschichte. Und es kann wohl vermutet werden, daß auch Wagner jene verhängnisvoll-schrecklichen Züge an dem überfrohen Helden kaum sah, die er ihm doch selber aufgetragen hatte: Herr seines Geschöpfes, der er war, hat er es doch nicht beherrscht. Entglitt ihm das ungebärdige Wunderkind, wie es einst dem Ziehvater Mime entglitt? Er wie sein Siegfried waren Kinder ihrer Zeit, – wie sie wiederum auch eben dieser Zeit Väter und Regenten waren.

Götterende – Menschenanfang

Das Experiment Siegfried ist gescheitert: Woran? Und warum?

Siegfried scheitert an seiner Doppelnatur, an seinem Zwitterwesen. Zum einen ist er Gott und mit göttlichem Auftrag belastet. Zum anderen ist er Mensch und getrieben von menschlichen Wünschen und Begierden, von Neugier, Ehrgeiz und Weltsinn.

In seiner Funktion als Göttersproß ist er unfrei, da er – dialektisch – durch den Octroi der Freiheit konditioniert ist. Unfrei durch Freiheitszwang. Aber auch als Mensch ist er unfrei, weil begrenzt durch die spezifischen Eigentümlichkeiten der menschlichen Gebrechlichkeit, der kreatürlichen Unzulänglichkeit.

Der Göttersproß geht seinen determinierten Weg. Er wächst in scheinbar völliger Freiheit auf, geprägt von einer Umwelt aus Pflanze und Tier. Auch Mime scheint sich bis zu diesem Augenblick von Einflußnahme zurückgehalten zu haben, ihm ging es nur um die Unterweisung im Schmiedehandwerk, um das Werkzeug gegen den hortbebrütenden Drachen, – allemal aber spottet dieser Siegfried aller Umwelteinflußtheorien und demonstriert sieghaft den Primat der Gene ... Ein weites, bei Wagner auch heikles Feld. Der Augenblick aber des Durchbruchs heißt Notung. Indem er seines Vaters zerbrochenes Schwert neu schmiedet, zieht er es gewissermaßen ein zweites Mal aus der Esche Stamm. Und geht den Weg, den sein Vater, von Fricka verworfen, nicht gehen durfte. Tötet den Drachen, erkämpft den Ring, erledigt den Weltherrscher Wotan und erlöst die schlafende Jungfrau. Damit ist sein Auftrag erfüllt, der Ring könnte – zwanglos über Brünnhild – seinem Ursprung zurückgegeben, also den Rheintöchtern wieder ausgehändigt werden.

Und die Welt, von Götternot und Göttertrauer, vom Götterwalten (als den Projektionen verheerender Mächte) befreit, könnte neu zu atmen beginnen. Dies Wagners ursprüngliche Konzeption, sie gab dem Menschen als dem von Machtausübung noch unberührten, also unbefleckten Wesen die Chance des Neuanfangs.

Nun aber setzt Siegfrieds Menschenweg ein. Die Sache darf kein Happy-End haben, sie war vom ersten Augenblick an konzipiert als »Siegfrieds Tod«.

Die Geschichte nämlich von Siegfrieds Tod ist die Geschichte nicht eines Gottes sondern eines Menschen, das Nibelungenlied überliefert sie.

Da dieser Sagenkomplex von allem Anfang an mündete in die Katastrophe, kann das große Spiel, entgegen Wagners ursprünglicher Hoffnung, nicht gut ausgehen. Idee (der neue Mensch) steht gegen Quelle (Siegfrieds Ende), Konzept gegen Vorlage. Siegfried als die Möglichkeit des neuen Menschen ist letztlich doch »ein Mensch wie alle«, und seine traurige Geschichte erzählt verbindlich das Nibelungenlied. Menschen sind Weltkinder, sie fügen sich dem Appell überkommener Vorbildmuster bis zum Verrat ihrer selbst, immer wieder muß es gehen um Bewährung, Leistung, Ruhm und Sieg, »zu neuen Taten« muß der »teure Helde« in die Welt. Um an ihr zu scheitern. Und sie an sich scheitern zu lassen.

Der Ring als Liebespfand, den Brünnhild an Waltraute nicht herausgeben kann, weil sie total vom Prinzip Treue besessen ist, – diesen Ring reißt Siegfried (in der Rolle Gunthers) ihr vom Finger, weil er total vom Prinzip Untreue besessen ist. Daß er vergißt, ihn dann Gunther rechtzeitig auszuhändigen und sich verwirrt herauszureden versucht, bezeugt allererst seine Tölpelhaftigkeit, seine Simplizität; ist in Wahrheit aber nichts anderes als das Signum der trostlosen Entfremdung von seiner in ihm angelegten Art.

Opfer und Selbstopfer als Reinigungsprozeß. Die

Götter haben sich aufgegeben. Siegfried wurde das Opfer allgemeinen Verhängnisses wie persönlicher Unzulänglichkeit. Brünnhild opfert sich selbst. Sie alle stehen im Banne des Fluches, der Leben mit Handeln, Handeln mit Schuld verhängnisvoll-gesetzhaft verknüpft. Es kann das Spiel von neuem begonnen werden, im Stadium einer neuen, einer wiedererrungenen, einer ihrer selbst bewußten Unschuld. Menschen bleiben übrig, deren Wesen nicht gezeichnet, deren Weg nicht vorbestimmt ist durch Götternot und Göttertrauer.

Anmerkungen

1 Dieter Schickling, Abschied von Walhall. Richard Wagners erotische Gesellschaft, 1983 (S. 245): Ein Buch, das in seiner souveränen Unbefangenheit eine Meisterleistung des Lesens, Hörens und Begreifens darstellt und in seiner augen- und ohrenöffnenden Funktion einer der wichtigsten Beiträge zum Wagner-Gedenkjahr genannt werden muß.

2 Siehe das Motto über diesem Beitrag, entnommen dem Kapitel »Götterdämmerung« von Petriconis Buch »Das Reich des Untergangs« (1958); wiederabgedruckt in der »Bayreuther Dramaturgie« von (Hg.) Herbert Barth, 1980, Zitat S. 221.

3 Siehe Peter Wapnewski, Der traurige Gott, ^{2}1980, Zitat S. 178–181.

4 Und (weibliche) Treue in ihren mannigfachen Erscheinungsarten, in Bewährung, Bedrohung und Versagen, ist eines der Zentralmotive Wagners von Irene über Senta und Elisabeth zu Elsa, – vom »Tristan« zu schweigen.

5 Dazu s. das Kapitel »Das süße Wörtlein *und*« in P.W. *Der traurige* Gott, S. 174–178.

6 Der transitivische Gebrauch des Verbums *schweigen* ist wohl von Wagner aus mittelhochdeutscher Zeit erneuert: s. »Götterdämmerung« II, 1:

»Schweige die Sorge!« (entsprechend dem »Schweige die Klage«), so Hagen zu Alberich. Daß hier nicht der konjunktivische Adhortativ der dritten Person gemeint ist (»Die Sorge/Klage möge schweigen!«) sondern der Imperativ Singularis, geht eben aus dieser Schwurszene hervor: »Schweig' ich die Klage ...«. Im Mittelhochdeutschen bedeutet das schwache (faktitive) Verbum *sweigen* soviel wie »schweigen machen«, »stillen«. – Um bei der Grammatik zu bleiben: In Siegfrieds Schwur redet er die Speerspitze an: »... treffe du mich«. Das geht nicht. Entweder Konjunktiv (Adhortativ) der zweiten Person, also »treffest du mich«; oder Imperativ: »triff du mich«.

7 Das soll vermutlich heißen: »Und wenn er auch mehr nicht wert wäre als der Finger, den er umfaßt: Ihr sollt ihn dennoch nicht haben (im Falle der Drohung).«

Francesco De Sanctis, 1860

Richard Wagner, 1860
Portrait. Aufnahme Brüssel

Mathilde Wesendonck
Gemälde von Joh. Konrad Dorner, o.J.

Rivale Faust
Beobachtungen zu Wagners Goethe-Verständnis*

*Überarbeitete und erweiterte Fassung des Vortrags, den ich auf Einladung des Freien Deutschen Hochstifts am 19. Oktober 1983 gehalten habe.

Das weite Feld

WAGNER UND GOETHE:

Man könnte es einfach machen. Wagner sieht Goethe als den »größten Dichter« (Cosima im Tagebuch am 19. Dezember 1882), er sieht den »Faust« als das »schönste Buch, welches in deutscher Sprache geschrieben« (Cosima am 15. August 1878). Goethe hat ihn begleitet: von frühster Jugend an, als der hochgelehrte und den Knaben-Neffen Richard wesentlich beeinflussende Onkel Adolph Wagner – er korrespondierte gelegentlich mit Weimar – ihm den Namen zuerst genannt haben mag, bis ans Ende: noch fünf Tage vor seinem Tode, also am 8. Februar 1883, spielt Wagner gemäß Cosimas Tagebuch an auf einen »Goethe'schen Gedanken«. Dieses Leben, das prall schon gefüllt wäre mit den unzähligen Zeugnissen seiner selbst, auch wenn man das eigentliche Werk gar nicht zählen wollte: mit Tausenden von Briefen und mit Tagebucheintragungen und mit dem unendlichen Räsonnement der Gespräche und den autobiographischen Schriften und den theoretischen Manifesten und den journalistischen Artikeln, – dieses Leben ist ständig und beharrlich begleitet von den Alten, von den Großen: von den Griechen, von Shakespeare, von Beethoven, von Calderón – und eben von Goethe.

Aber selbst wenn es gelänge, diese Riesenmenge von Äußerungen und Auslassungen, von Bekenntnis und Kritik zu sammeln, so wäre das Ergebnis doch nur eine freundliche Belanglosigkeit, fügte es sich nicht dem ordnenden Gedanken. Jenem Prinzip also, das da allein solches Sichten und Sammeln sinnvoll macht und das fragt nach der Verbindlichkeit des einen für den anderen. Nach Berührung und Nähe, nach Bedeutung und Wirkung in Abstoßung und Ferne, in Vorbild und Lehre, Geleit und Inspiration.

Bruchstücke einer großen Beziehung

Die Weite des solchermassen beschriebenen Radius kenntlich zu machen, reihe ich einigermaßen willkürlich und unverbunden Stationen, Partikel, Augenblicke in Wagners Leben aneinander, die jeweils auf bezeichnende Weise mit Goethe verbunden sind:

Die früheste erhaltene eigenständige Komposition Wagners stammt aus dem Beginn des Jahres 1831 (da schloß Goethe seine Arbeit am »Faust« ab, Wagner war also 17, vielleicht 18 Jahre alt), und zwar handelt es sich um sieben Kompositionen zu Goethes »Faust I« für Gesang mit Klavierbegleitung. (Wir können uns auch den Anlaß denken: In der ersten Inszenierung des »Faust« zu Leipzig 1829 spielte Wagners älteste Schwester Rosalie, geb. 1803, von ihm geliebt und verehrt, unter großem Applaus das Gretchen.) – Oder:

Wagners und Cosimas geliebter Sohn Siegfried-Fidi hatte von 1879 bis 1881 in Wahnfried einen Hauslehrer, den der Vater ermutigt, das Kind nach dem Muster des Wilhelm Meister zu erziehen. Ein Vorgang, der seine Pointe erhält erst durch den Umstand, daß dieser Hauslehrer den Namen Heinrich von Stein trägt (er habilitierte sich dann als Philosoph, dozierte in Berlin und starb dort fünfzigjährig). Das Spiel mit dem analogen Modell wird freilich vollständig erst, wenn man sich erinnert, daß der Hauslehrer, der sich auf Charlotte von Steins Bitten ihres Sohnes Fritz tätig annahm, Goethe hieß. – Oder:

Der Tod Goethes wird zwar den sensiblen und wachen Geist Wagners nicht unberührt gelassen haben, indes ist uns kein Zeugnis der Betroffenheit überliefert, – ein Befund, der bei der großen Menge des Verschollenen freilich nicht überbewertet werden darf. Die Autobiographie »Mein Leben« kommt jedoch indirekt auf diese Ereignisse zu sprechen, und zwar in sehr bezeichnender Färbung: Im Jahre 1834, also zwei Jahre nach Goethes Tod, »kam ich auch zum ersten Male durch Weimar, wo ich an einem regnerischen Tage mich nach dem Hause Goethes mit Neugier aber ohne Ergriffenheit umsah; ich hatte mir etwas andres darunter vorgestellt …«.[1]

Man wird sich unschwer vorstellen können, welcher Art »andres« der junge Wagner sich vorgestellt hatte: Mehr Glanz, mehr Aufwand, mehr Repräsentation, den Königen im Geiste gebührt königlicher Staat, – und in der Tat wird Haus Wahnfried eines Tages an repräsentativem Anspruch das bürgerlich-klassizistische Haus am Frauenplan weit übertreffen.

Um bei diesem Punkt, dem Tod Goethes nämlich, zu bleiben: Das erste erhaltene Zeichen einer – freilich sehr persönlich gebrochenen – Betroffenheit finde ich in einem Brief Wagners aus Paris an Giacomo Meyerbeer (derzeit in Berlin) vom 3. Mai 1840. Die Stelle ist von einer absurden Komik, aber bevor wir sie belachen, sei daran erinnert, wie erbärmlich, wie furchtbar die materielle Situation eines Menschen gewesen sein muß, der sich der Würde und des Anspruchs seines Genies sehr wohl bewußt war, wenn er den berühmten Komponisten kniefällig anfleht um Protektion, um finanzielle Hilfe. Man möge auch bedenken, wie später Haß sich erklären mag aus der Not früher, sich gänzlich ausliefernder Hingabe. Diese Zeilen des exaltiert überfließenden Gönnerlobs sind in ihrer servilen Devotion zu lesen peinlich, – peinlicher noch muß der Gedanke sein an die wahrhaft ruinöse materielle Situation, in und an der Wagner und Minna damals litten.

Der Brief also, den der »innig verehrte Herr und Meister« empfing, mündet gegen sein Ende in die ungeschminkte Bettelgeste der ausgestreckten Hand:

»Nüchtern heraus: – mir kann kein Wucherer mehr helfen, mir kann selbst ein gewöhnlicher braver Mann nicht mehr helfen; denn der kann nicht erkennen, wie ich ihm wiederzahlen soll; – dieß kann also nur Jemand, dessen klares Auge u. volles Herz ersieht u. fühlt, daß ich einen guten Baum abgeben kann, der, wenn ihm nicht der Regen fehlt, auch Früchte tragen kann. Goethe ist todt, – er war auch kein Musiker; mir bleibt Niemand als Sie. Ein fünf u. zwanzig hundert Franken werden mir in dem nächsten Winter helfen; – wollen Sie mir sie leihen?«

Wenige Wochen später bittet er, auch das liest man nicht ohne Bewegung, Meyerbeer um Entschuldigung dieses zumutenden Ansinnens wegen. Aber uns geht es um das Thema Goethe, und daß er hier erwähnt und in diesem Zusammenhang erwähnt wird, bezeugt zweierlei: Das Raffinement des Bittenden, der durch solche Kombination Meyerbeer mittelbar dem höchsten Rang zuordnet; und das Selbstbewußtsein des jungen Mannes, der in einer Maßlosigkeit des Empfindens, die ihm zeitlebens treu bleiben wird, zum mitleidvoll-erkennenden Helfer sich nichts und niemanden als nur die höchste Instanz erwählt.

Womit Wagner ein Gleichrangigkeitsbewußtsein antizipiert, wie es ihm eines späten Tages der Traum in gemütvoller Unbefangenheit bestätigen wird:

Cosimas Tagebuch notiert unter dem 15. Februar

1870: »R. träumte von Goethe, daß er mit ihm wandelte, sich mit ihm unterhielt und bei ihm bleiben wollte, ›da habe ich meine Bestimmung gefunden im Umgange mit einem solchen Menschen‹. Gute Laune, er arbeitet, ich bei den Kindern.« (Gregor-Dellin hat darauf hingewiesen, in welch ungewöhnlich hohem Maße den Träumen Wagners aufschlüsselnde Funktion zukommt; er träumt partout bedeutend. [2])

Natürlich ist es vor allem der Dramatiker Goethe, der den Urdramatiker Wagner interessiert und bewegt. Bis hin zu jener Konsequenz, die er, der aufmerksame Leser von Eckermanns Gesprächsaufzeichnungen, gewiß als Fingerzeig und Ermutigung wird verstanden haben: Goethe beklagt Eckermann gegenüber am 30. März 1824 die »Konfusion im Urteil«, wie sie das Publikum befallen müsse, wenn in ein und demselben Theater heute der »Hamlet« und morgen eine belanglose Posse gegeben werde: »Schiller hatte den guten Gedanken, ein eigenes Haus für die Tragödie zu bauen, auch jede Woche ein Stück bloß für Männer zu geben. Allein dies setzte eine sehr große Residenz voraus und war in unsern kleinen Verhältnissen nicht zu realisieren.«

Was die Idee von den Exklusivvorstellungen nur für Männer angeht, so wird sie Wagner nicht minder wunderlich erschienen sein als uns. Indessen das Prinzip eines eigenen Theaters für ein eigenes, sonderlich gestimmtes Publikum war und wurde sein Prinzip, realisiert in einer kleinen Residenz mit eines großmütigen Gönners Hilfe.

Über die grundsätzlichen Erwägungen und Erörterungen hinaus sind es dann die vor allem in Cosimas Tagebuchnotizen aufblitzenden Aperçus, die immer wieder kluge Einsicht und helle Erkenntnis von Goethe und seinem Werk bezeugen. So gibt Cosima unter dem 8. Februar 1872 – man hatte zuvor Schopenhauer gelesen – das Stichwort »von den barbarischen Avantagen, von denen Goethe sagt, daß wir mutig auf sie bestehen müßten; ›ja‹, sagt R., ›der Faust, die 9te, die Passionsmusik von Bach sind solche barbarischen Werke, d.h. solche, die als Kunstwerk nicht mit einem griechischen Apollon oder einer gr. Tragödie verglichen werden können‹«: womit er also die Nietzschesche Antithese von Dionysisch und Apollinisch aufhebt, einzelne große Werke zu solchen sui generis macht – und dabei womöglich auch an das seine denkt. Der Nachsatz freilich bleibt änigmatisch: »›den Einzelnen erheben, der Gesamtheit nicht zu eigen werden; diese Empfindung hat mich auf das Kunstwerk der Zukunft gebracht‹«.

Oder unter dem 19. Oktober 1880 die knappe, aber von großer Einsicht zeugende Bemerkung: »Über Schiller und Goethe, letzterer ein auf die Physik sich stützender, ersterer ein auf der Metaphysik ruhender Dichter«, – da moduliert er in seiner verständigen Weise Schillers Gegensatzpaar von der naiven und der sentimentalischen Dichtung und auch Goethes Begriff des »Organischen«.

Das Allgemeine und das Besondere

Wir stellen als vorläufiges Ergebnis unserer von Willkür nicht freien Sichtung einiger Goethe-Äußerungen Wagners fest: Goethe hat ihn sein Leben lang begleitet, bewegt, fasziniert, hat unzählige Male einen Widerschein in einer der vielen Facetten von Wagners sprunghaftem, widerspruchsvollem, irisierendem und oszillierendem Wesen aufleuchten lassen. Unzählige Male, – ich erwähne als Symptom für die Häufigkeit und Dringlichkeit ständigen Umgangs nur die Tatsache, daß das im Tagebuch Cosimas aufgefangene Gespräch der Jahre 1869 bis 1883 Goethe (laut Ausweis des Registers) an die 300mal erwähnt: zuweilen nur flüchtig und en passant, zuweilen indes ausführlich und mit großem Aufgebot von Kenntnis und Gedanken und weiterführender Phantasie.

Nähme man hinzu, was darüber hinaus die (längst noch nicht vollständig gesammelten) Briefe und Notizen, die Autobiographie und vor allem die ausschweifenden Räsonnements der theoretischen Schriften an Bezug auf, an Beziehung zu Goethe vorweisen, so wird man vor der Forderung nach einer vollständigen Bestandsaufnahme vernünftigerweise kapitulieren; wird auch die Zuweisung der jeweiligen Einzelüberlegungen und Gedankenwege an übergeordnete Kategorien, ihre Subsumierung unter bestimmende Perspektiven einer noch zu leistenden grundsätzlichen Untersuchung überlassen. Ich beschränke mich im folgenden auf den Versuch eines Zugriffs im exemplarischen Verfahren, indem ich versuche, ein Stück des Besonderen zu fassen, um von ihm aus den Blick auch auf das Allgemeine zu weiten: prinzipiell bestimmt von der methodischen Forderung, nicht etwa mit Hilfe von Wagners Perspektive und Einsicht Goethe besser zu verstehen (was hinausliefe auf eine interessante, subjektiv begrenzte Beliebigkeit), sondern vielmehr mit Hilfe von Wagners Blick auf Goethe den Blick auf Wagner selbst zu schärfen. Also kraft Wagners Goethe-Verständnis ein besseres Verständnis von Wagner zu gewinnen.

Der eigentliche Gegenstand unserer Untersuchung soll ein Brief sein, der eine wesentliche Station in Wagners innerem und äußerem Leben bedeutet und deutet und der sich zugleich, als wär's ein Zufall und von außen herangetragen, dringlich befaßt mit Goethe, mit seinem »Faust«, mit Faustens Persönlichkeit.

Ein Abschiedsdrama

Es handelt sich bei diesem Dokument um die sogenannte »Morgenbeichte«. Um einen Brief, den Wagner am 7. April 1858 schrieb und der den Anfang machte vom Ende der Schweizer Jahre, den Anstoß gab zum Abschied von seinem ersten großen Mäzen Otto Wesendonck, zum Bruch der großen Liebe Wagners und Mathilde Wesendoncks. Ein Brief, den Minna Wagner bis an ihr Lebensende in ihrem Besitz hatte, den ihre Tochter Natalie (Bilz) verkaufte an Mrs. Burrell und der nicht Eingang fand in die in ungezählten Auflagen seit 1908 verbreitete Sammlung der Wesendon(c)k-Briefe von Wolfgang Golther, sondern der erst bekannt wurde durch die Publikation der Sammlung Burrell (1950).

Ort, Zeit und Personen des hier zu schildernden kleinen, aber tiefste Seelenschichten aufwühlenden und weittragende äußere Entscheidungen verantwortenden Dramas: Zürich, auf dem grünen Hügel, der die Villa Wesendonck und das »Asyl«-Nachbarhaus der Wagners trug. Datum ist das Frühjahr 1858. Damals fand die »Tristan«-Dichtung ihren Weg in ihre Musik, die Komposition des Ersten Aufzugs war soeben abgeschlossen, es ging an die des Zweiten Aktes (und zur gleichen Zeit etwa wurden Mathildes Lieder, eben die Wesendonck-Lieder, vertont). Mathilde aber nahm damals Italienisch-Unterricht, das war für Wagner, die allesumfassende und -ausschließende Lehrerfigur schlechthin, eine schwer erträgliche Konkurrenz. Im Falle Francesco De Sanctis, um es mit den beschreibenden Worten Martin Gregor-Dellins zu sagen, hatte Mathilde (und also Wagner) es zu tun mit einem »feurigen, gutaussehenden Neapolitaner von vierzig Jahren, Professor für Ästhetik und italienische Literatur am Zürcher Polytechnikum, der zwar 1858 einen Dialog ›Schopenhauer e Leopardi‹ veröffentlichte, sich aber aus Wagner und Musik nicht viel machte und deutsch-romantischen Kompliziertheiten die Gesellschaft seiner Schülerin bei Tee und Ausfahrten vorzog« (S. 433). Am 5. April war Wagners inniges Bedürfnis, »die Freunde« zu sehen (das heißt natürlich: Mathilde), konterkariert worden: der mißliebige Neapolitaner war ihm zuvorgekommen, Wagner mußte grollend vorliebnehmen mit dem Besuch Robert Marschalls von Bieberstein. Der Tag darauf brachte übles Wetter, üble Laune und ein abendliches Gespräch mit Mathilde, das sich befaßte mit seinem Seelenweh – und mit Goethe, mit dem »Faust«. Wie es aber zu gehen pflegt bei solcher Konstellation, es wird ein jedes Thema zum Anlaß des ungewollt-gewollten Haders, des scharfen und schließlich sich rationaler Kontrolle entziehenden Mißverstehens. Am nächsten Morgen – »Soeben aus dem Bett« – bringt Wagner seine – so die Überschrift – »Morgenbeichte« zu Papier. Ein Dokument der beschämten Trauer, der Verzweiflung, des von Eifersuchtspein genährten Schmerzes, – vor allem aber schlicht: der Liebe. Ein Dokument, das man eben seiner Einfalt und der reumütig-trotzigen Stimmung knabenhaften Aufbegehrens und zerknirschten Sichzurücknehmens halber nicht wird ohne Rührung lesen können: das Genie in den Wonnen, den Qualen, jedenfalls in den Fesseln der Gewöhnlichkeit, – dessen, was uns alle bindet, bevor es nicht in wesenlosem Scheine hinter uns liegt. Und dieses Bekenntnis wird um ein Vielfaches an Gewicht noch vermehrt durch die Beilage: die Orchesterskizze des »Tristan«-Vorspiels.

Die Reaktion freilich der Ehefrau Minna war nicht die der Rührung. Sie, die einiges wenn nicht gewußt, so doch gespürt hat innerhalb des von seelischer Erregung hochgespannt aufgeladenen Zürcher Beziehungsfeldes, fing den Boten ab auf dem Weg vom einen Haus zum andern, den Gärtner Friedrich. Und brach den Brief auf. Von da an war das Geflecht der subtilen oder auch handfesten Beziehungen zwischen diesen vier – auf ihre Weise jeweils bedeutenden und bewundernswerten – Personen zerrissen. Wagner und seine Frau werden innerlich nie wieder zueinander finden; Wagners und Mathildes Liebe fand ihr äußerlich abruptes Ende; das Verhältnis zu den Wesendoncks blieb von nun an – und nicht ohne forcierte Überwindungsgestik – das der freundschaftlich-gravitätischen Distanz. Am 17. August 1858 verläßt Wagner das Asyl für immer, am 18. März 1859 schließt er (in Venedig) den Zweiten Akt des »Tristan« ab, des inbrünstigsten und rauschhaftesten Liebesgesangs der Musik-, der Kunstgeschichte.

Exkurs: Francesco De Sanctis und seine Zürcher Zeit

ALS ALSO EINEN »FEURIGEN, GUTAUSSEHENDEN NEApolitaner von vierzig Jahren« stellt Gregor-Dellin seinen Lesern Francesco De Sanctis vor. Von ähnlicher Arglosigkeit geprägt die Worte, mit denen der Wagner-Biograph Curt von Westernhagen den unwillentlichen Mitakteur der Szene charakterisiert: »Seit einiger Zeit hatte Frau Wesendonk den Dozenten am Polytechnikum Francesco De Sanctis als Privatlehrer im Italienischen gewonnen. Da sie mehr Lust zu Ausfahrten und Plaudereien am Teetisch zeigte als Eifer, die Sprache Dantes zu lernen, bat er sie, ihn davon zu entbinden, worauf sie erwiderte: sie empfange ihn ›en ami, non pas en qualité de professeur‹«.[3] Auf diese Bemerkung werden wir noch zurückkommen.

Vorerst halten wir gegen die Beiläufigkeit der beiden zitierten Erwähnungen das Urteil des kompetentesten Kenners der Literarästhetik und Literaturkritik: René Wellek[4] stellt ebenso nüchtern wie extrem fest: Es scheine ihm, als habe De Sanctis »die glänzendste Literaturgeschichte geschrieben, die je geschrieben worden ist« – er meint damit die »Storia della letteratura italiana« von 1870/1871. Staunenswert ist die Diskrepanz zwischen dem Ruhm De Sanctis' in Italien und seiner Unbekanntheit anderwärts: »In Italien gilt Francesco De Sanctis ... als der Kritiker schlechthin, als nationaler

Klassiker«, und Wellek zitiert[5] den Mann, der – übrigens wohl auch aus neapolitanisch-landsmannschaftlicher Verbundenheit – am leidenschaftlichsten Werk und Person De Sanctis' gerühmt und verbreitet hat: Benedetto Croce. Dessen lapidares Urteil: »Come critico e storico della letteratura, egli non ha pari.« Wenn dennoch die nüchterne Feststellung gilt: »Außerhalb Italiens ist De Sanctis fast unbekannt«,[6] dann hat dieser Umstand mit der verwunderlichen und für die Rezipienten nicht eben schmeichelhaften Tatsache zu tun, daß die anderen Kulturstaaten der italienischen Literatur der neueren Zeit wenig Achtung und Beachtung schenkten: »Vielleicht übersah man ihn, weil die italienische Literatur seit Metastasio aufgehört hatte, ein europäisches Ereignis zu sein und man sich bis in die siebziger und achtziger Jahre kaum um seine zeitgenössische Dichtung kümmerte«, so Hugo Friedrich 1937 in seinem großen Aufsatz über De Sanctis in den »Romanischen Forschungen«.[7]

Die Geschichte des Francesco De Sanctis ist die Geschichte eines italienischen Intellektuellen und Patrioten im 19. Jahrhundert. Genauer: die Geschichte eines Mannes, für den der politische Wille sich (auch) in Kunst, für den Kunst sich (auch) in politischem Willen ausdrückte. Diese beiden ihn treibenden und zu einer einzigen zusammenwachsenden Energien speisen sich aus dem geistigen Erlebnis Hegel und dem politischen Ereignis des Risorgimento. Die Einigung Italiens wurde wie durch die

Musik (Verdi) so auch vorangetrieben durch das Bewußtsein einer einzigen Sprache und Literatur, repräsentiert vor allem in der Symbolfigur Dante.

Geboren wurde De Sanctis 1817 in Morra Irpino bei Neapel, das seit dem Dekret vom 7. Mai 1934, unterzeichnet von Vittorio Emanuele und Mussolini, *Morra De Sanctis* heißt. Eine Ehrung, die Teil war der Gedenkfeiern zu seinem 50. Todestag, das Jahr 1934 wurde proklamiert zum »Anno desanctisiano«, je stummer das Ausland blieb, desto heftiger huldigte Italien seinem großen Sohn. Der übrigens gemäß seinem Lebensschicksal die Sympathien auch Richard Wagners hätte haben müssen. Nach dem neapolitanischen Aufstand gegen die Bourbonen und ihre monarchisch-klerikale Diktatur 1848 wurde De Sanctis drei Jahre eingekerkert im Castello dell' Ovo zu Neapel. Die erste in Deutschland erschienene Arbeit über ihn weiß zu melden: »eine deutsche Grammatik war lange Zeit seine einzige Gefährtin und Trösterin im Kerker« – wo er 1850 auch seinen ersten literarischen Essay verfaßte. Und über welchen deutschen Dichter schreibt ein im Verlies der Tyrannen schmachtender Literat? Über Friedrich Schiller.

Die erwähnte älteste Würdigung der Bedeutung von De Sanctis in deutscher Sprache erschien 1874/1875 im 53. und 54. Bande von Herrigs »Archiv für das Studium der neueren Sprachen und Literaturen« und stammte aus der Feder eines bewundernden Schülers, nämlich Adolf Gasparys. Dem freilich nicht gelingen konnte, was das ausgesprochene Ziel seines Essays war: den adorierten Lehrer in Deutschland bekannt, ja populär zu machen. Sein zweiteiliger Aufsatz endet mit Worten, denen man Sympathie nicht vorenthalten wird, auch wenn sie eher von verklärender Vision und utopischer Hoffnung als vom Geiste nüchterner Erfahrung geprägt sind:

»De Sanctis wendet seinen Blick nach Deutschland, möchte sein Volk durch das Vorbild deutscher Kraft und deutschen Ernstes stärken und erfrischen; uns im Gegentheil wird es nicht unnütz sein, wenn wir unseren Blick häufig nach Süden schweifen lassen; wir können von den Italienern noch immer so unendlich viel lernen, und was wären wir ohne unsere von Süden gekommene klassische Jugendbildung?«[8]

Es war sein junger Ruf und frischer Ruhm als literarästhetischer und -kritischer Philosoph, der dem aus dem Gefängnis Entlassenen die Chance des vierjährigen Exils in Zürich und seinem Polytechnikum bot. 1860 kehrte er zurück in die Heimat, wirkte dort als neapolitanischer Unterrichtsminister »und leistete«, um es mit seinem zeitgenössischen Bewunderer Gaspary zu sagen, »Ungeheures in dieser kurzen Zeit«.[9] Nämlich er »verabschiedete 32 Universitätsprofessoren, reconstituirte die Universität, gründete das Lyceum Vittorio Emanuele . . ., bereitete Gesetze über Primär- und Secundärunterricht vor«. Handlungen, die das staunende Lob seines Biographen recht eigentlich erst verständlich werden lassen, wenn man weiter erfährt, daß »diese kurze Zeit« des Ministeramtes nicht länger als acht Tage währte. – 1862 dann macht Cavour ihn zum italienischen Unterrichtsminister, als solcher wirkt er reformierend und organisierend mit dem stetigen Blick auf das Vorbild der deutschen wissenschaftlichen Institutionen und ihre Struktur. Dergleichen kann im politischen Geschäft nicht ohne Ärger und Rückschläge abgehen, jedenfalls kehrte De Sanctis zurück zur Wissenschaft und gehört dann seit 1871 der Universität Neapel als Professor der Ästhetik an.

Er stirbt 1883, – noch im Todesjahre Wagners.

Zürich 1856 bis 1860. De Sanctis hat natürlich gesellschaftlichen und geistigen Umgang mit den großen Köpfen dieser Stadt, mit Jacob Burckhardt und Friedrich Theodor Vischer, mit Gottfried Keller und Johann Jakob Sulzer, mit dem Emigranten Georg Herwegh, – wie eben auch dem Emigranten Richard Wagner. Und mag sich doch gefühlt haben als einer, der fremd eingezogen ist und fremd wieder ausziehen wird. So jedenfalls klingt es nicht nur aus einer Briefstelle des Jahres 1857, die den kruden Mangel an Kenntnis der italienischen Kultur jenseits der Alpen symptomatisch beleuchtet: »Quando dico che Leopardi è un gran poeta: Vraiment?, mi respondono con un sorriso d'incredulità.«[10]

Leopardi: Über ihn hat De Sanctis in Zürich 1858 einen Essay geschrieben, veröffentlicht zu Turin im gleichen Jahre, dessen Thematik auch Wagner hätte faszinieren müssen: nämlich den »Dialogo tra A e D« unter dem Titel »Schopenhauer e Leopardi«. (»D.è l'autore«, fügt er 1866 hinzu.) Der Gegenstand scheint sie einander jedoch nicht genähert zu haben. Wohl aber hat Schopenhauer an dieser ihm gewidmeten Arbeit seine Freude gehabt, der ersten italienischen Reaktion auf sein Werk, wie er brieflich bekundet.[11]

Solche Reaktion des großen und bewunderten Philosophen, den er als bestätigende Instanz empfand, mußte Wagner ärgern. So jedenfalls kann man es schließen aus Cosimas süß-säuerlicher Tagebucheintragung vom 29. März 1878: »Wir lachen über die Täuschungen Sch(openhauer)s, De Sanctis z.B. für seinen Anhänger zu halten ...«

Viele Jahre später erst hat De Sanctis sich öffentlich geäußert über das Gefühl der Isolierung in diesen Exil-Jahren, vor allem über sein sich abkühlendes Verhältnis zu den Deutschen, deren anmaßendes Wesen und deren ignorante Mißachtung der italienischen Literatur seinen, De Sanctis', ursprünglichen Enthusiasmus für die deutsche Philosophie und Poesie empfindlich erkältet habe: So im Vorwort zur zweiten Auflage des »Saggio critico sul Petrarca« von 1883:

»Un po' di simpatia c'era tra italiani e francesi; ma i tedeschi ci guardavano con una cert' aria di superiorità protetrice, che mi faceva male. Peggio ancora a sentirli parlare. Noi altri eravamo i Velsci, gli occidentali, e la nostra parte era finita; il mondo apparteneva al loro ... Queste opinioni mi parevano singolarissime, e rattepidivano le mie simpatie tedesche, derivate dal grande amore ai loro filosofi e poeti, nel cui ambiente m'ero formato. Né mi riuscivano meno amare le loro opinioni intorno alla nostra letteratura. Salvavano dalla loro disistima appena Dante, come Wagner appena Rossini.«[12]

Und dann fällt, ohne weitere Begründung, das vernichtende Wort: »Wagner mi pareva un corrutore della musica.« Man wird solches Urteil sehen müssen im Kontext von De Sanctis' ästhetischem System, innerhalb dessen er nicht nur Wagners Musik, sondern der Musik überhaupt einen minderen Rang zuweist, sie ist für ihn »bloße Form ohne Ideen oder Bilder«, in ihr löste sich zu traurigem Ende die große alte Dichtung Italiens auf, hat schließlich, wie er sich ausdrückt, hier »ihr Grab gefunden«.[13]

Man wird indessen zumindest in diesem Falle nicht fehlgehen, wenn man die Ursache der Fremdheit zwischen den beiden großen Männern nicht in ihren divergierenden philosophisch-ästhetischen Anschauungen sieht, obschon der Hegelianismus De Sanctis' Wagner naturgemäß bedenklich erscheinen mußte. Vielmehr umkreisten die Herren einander mit dem gravitätischen Schritt des Mißbehagens, weil sie Konflikte spürten und auslösten auf dem Felde des Persönlichen, Privaten, Intimen.

Um das zu verstehen, muß man die Geschichte dieser Beziehung kurz skizzieren.

Gegen Ende des Jahres 1857 (oder Anfang des Jahres 1858) engagierte Mathilde Wesendonck zum Zwecke des Studiums der italienischen Sprache den vornehmsten *maestro*, der zu finden war, eben De Sanctis. So entsprach es ihrem ausgeprägten Gefühl für gesellschaftlichen Rang und repräsentatives Niveau. Indessen, sie erhoffte sich wohl einen Königsweg in die fremde Sprache und Poesie, oder um es mit Benedetto Croce zu sagen: »Intendeva studiare da signora, per chiacchierare, e il De Sanctis non era un buon professore al tale intento.«[14] Zeugnis dessen ist sein Brief (wie die meisten dieser Korrespondenz auf der Kompromißebene der französischen Sprache geschrieben) vom 2. Februar 1858,[15] in dem er bedauert, daß seine »occupations me ne permettent pas de continuer mes leçons«, und in dem er kühl um freundliches Angedenken bittet. Da hat er nicht mit Mathildes Eigensinn und Besitztrieb gerechnet, sie kann solche Entscheidung und Scheidung nicht hinnehmen, bedauert aufs heftigste, den Lehrer decouragiert zu haben und exkulpiert sich auf eine Art, die zumindest ihre Zeit wird für sehr weiblich gehalten haben:

»Peut être n'avez vous jamais eu une élève et ne savez donc pas qu'il faut plus de passience [sic] et plus d'indulgence pour une femme que pour les hommes?« Und es folgt das bemerkenswerte Freundschaftszeugnis, das man innerhalb dieser durch die behutsam regulierenden und regulierten Gesetze der gesellschaftlichen Konvention gegliederten Welt nicht für eine rhetorische Phrase nehmen wird:

»J'ai pris ces leçons pour une grande faveur et je vous ai reçu en ami, non pas en qualité de Professeur. Aurai-je manqué en cela?«[16]

Die kokette Allüre der Zerknirschung hatte den gewünschten Effekt, der Unterricht wird wieder aufgenommen. Aber es scheint, als habe De Sanctis seinen Frieden mit der Welt Mathildes nur schwer schließen können. Die Korrespondenz bezeugt immer wieder Zögern, Absagen, Verhinderungen, und ein Brief De Sanctis' vom 4. Februar 1858 bekundet deutlich das Gefühl der Schüchternheit, des Unbehagens, wie es ihn in der Atmosphäre des großen Hauses und seines Reichtums bedrückt.[17]

»En ami« also begegnet Mathilde dem *maestro*, und nun drängt es sie, die beiden großen Männer zusammenzuführen. Am 13. Februar 1858 geht das folgende Billet an De Sanctis:

»Monsieur
Voulez-vous nous faire le plaisir de diner avec nous demain? (dimanche, 3 heures). Il n'y aura que Wagner et je me ferai un plaisir tout particulier de vous procurer sa conaissance plus intime. Vous saluant respectueusement Mad^me Otto Wesendonck«[18]

Die liebenswürdigen Kuppeldienste verschlugen nicht, allzu gegensätzlich waren Temperament, Mentalität und Lebensform der beiden Exulanten; und man weiß, daß Wagner es den Menschen seines Umgangs nicht leicht gemacht hat, ihn zu tolerieren: wen er nicht charmierte oder faszinierte, den stieß er wohl ab, und diese polarisierende Wirkung übt bis zum heutigen Tage (weitgehend über seine Person) auch seine Kunst noch aus. Aber De Sanctis kommt um ihn nicht herum, er befaßt sich mit Schopenhauer und formuliert am 26. Februar 1888 in einem Brief an Camillo De Meis nach Turin die bemerkenswerte Sottise:

»Leggo ora il gran Schopenhauer, che proclama la sua grandezza ai quattro canti del mondo, ed il gran Wagner, il genio dell'avvenire, come modestamente si chiama, disdegnoso de' presenti che non lo comprendano.« Und nun macht er auf Kosten der beiden Genies dem nicht eben bedeutenden Freunde ein artig-maliziöses Kompliment: »Con questi ciarlatani innanzi, quanto non ti debbo stimare, Camillo!«[19]

Auch mag es erlaubt sein[20], den Passus im Dialog über Schopenhauer und Leopardi, den der Verfasser sich in den Mund legt, auf Wagner und seine Vermessenheitsgestik zu beziehen:

»D. Ma oggi, caro mio, la donna non vol essere più trattata a confetti: la galanteria è uscita di moda. Vuol sentire la forza; e più gliene dici e gliene fai, e più ti vuol bene. E se te le stai inanzi timido e rispettoso, in cuor suo ti battezza subito per imbecille e comincia a farti la lezione.«[21]

Nicht ohne Reiz auch ist die Vorstellung, daß De Sanctis mit einem Schopenhauer-Band reiste, den er Mathilde verdankt: so bezeugt es das Postscriptum eines Briefes, den Croce auf den Sommer des Jahres 1858 datiert[22], also des Jahres der Publikation des dialogischen Essays:

»J'ai reçu Schopenhauer, et je vous en remercie; il sera mon compagnon de voyage.«

Kein Zweifel: Die Herren, mochten sie sich noch so soigniert geben, waren eifersüchtig aufeinander. Und Wagner, mochte er noch so sehr von der weltenbewegenden Kraft seines Genies überzeugt sein, spürte und wußte doch, daß der andere nicht irgend jemand war, sondern ein Mann von Distinkion, von Geist und Urteil, von Kultur und Charakter. Und vier Jahre jünger als er war er noch dazu. Es wird daher erlaubt, ja geboten sein, die Vermutung anzuschließen, daß Wagner aus Mathildes Verständnis der Faust-Figur die Thesen des Rivalen heraushörte, – so mußte er denn zwanghaft anderer, ja der widerstreitenden Meinung sein.[23]

So sind denn auch die übrigen erhaltenen Äußerungen Wagners auf einen kühlen Ton gestimmt: »Mir geht es passabel. Wie geht es der eifrigen Schülerin des de Sanctis?«, fragt er in einem Brief an Mathilde, den der Herausgeber Wolfgang Golther auf »April 1858« datiert. Dann, Osterdienstag 1859, nach der Flucht aus dem »Exil«, nach der Vertreibung aus Venedig, nunmehr in Luzern: da hat er am Karfreitag Mathilde um Lektüre gebeten, »Etwas weiches, dichterisches – ausspannendes«. Worunter er sich, bezeichnend genug, Tasso und sein »Befreites Jerusalem« vorstellt. Jedenfalls scheint Mathilde in der Sache De Sanctis bemüht zu haben, Wagner reagiert in seinem nächsten Brief (April 1859) pikiert: »Herrn ›von Heiligen‹ (deutsche Übersetzung von ›de Sanctis‹) hätten Sie kaum erst beschweren sollen ...«.

Anderseits gibt das »Tannhäuser«-Debakel zu Paris dem italienischen Rivalen willkommenen Anlaß zu einer medisierenden Anspielung. Aus Neapel schreibt er (Anfang des Jahres 1861) an Mathilde, es habe M.ʳ Passerini ihm versichert, es gehe ihr gut – »seulement un peu en colère contre Paris«.[24]

Auf solche Malice reagiert sie mit Haltung (12. Juli 1861): »Ma colère aura sans doute existé seulement dans l'immagination [sic] de ce dit Monsieur, ou peut être aussi, est-ce une petite attaque pleine d'humeur de mon ami même?« Sie läßt ihm also die Chance, in Ehren zu retirieren als einer, der sich einen kleinen Scherz erlaubte, um ihm dann ein paar ernste Informationen, vernünftige Belehrungen und ahnungsvolle Voraussagen zu geben:

»Aura-t-il pensé à la chute du Tannhäuser à Paris? Celle là n'a pas même mis en colère Wagner. On s'y attendait, bien qu'on ne savait pas toute l'étendue d'une intrigue aussi infâme et misérable. L'œuvre même n'en souffrira pas. Il viendra le jour, où le Tannhäuser sera reçu à Paris, au monde civilisé, seulement, il faut de la patience. Les réformes dans l'art von t si lentement, que l'on désespère guère du succès, mais cependant elles avancent.«

Wagner erwähnt später noch einmal De Sanctis in politischem Kontext, mit Garibaldi zusammenhängend. Und weiterhin erfährt man aus einem Brief Mathildes vom 23. Oktober 1861 an Wagner, daß De Sanctis den ehrenvollen Leichtsinn (»leggerezza«) besessen habe, den »gänzlicher Zerrüttung« ausgesetzten Herwegh als Professor nach Neapel zu berufen: Vielleicht werde er dadurch »sich selber wiedergegeben«.[25]

Da ist ihr der Komponist des »Tannhäuser« schon sehr fern, zumindest äußerlich. So wie er wiederum aus der Distanz heraus in Gelassenheit ein gutes

Wort zu De Sanctis sagen kann: an den Verleger Ricordi in Turin schreibt er aus Wien am 14. November 1861[26] von seinem »ami De Sanctis, actuellement ministre de l'instruction publique, qui tend avec zèle à un sage mariage de l'esprit allemand avec celui des Italiens quant aux sciences et aux arts«.

Ein wahres Wort, einsichtig und gerecht ein Stück der Lebensleistung des anderen charakterisierend, dem Wagner in Partnerschaft hätte verbunden sein können, hätte der Schein der Rivalität nicht beiden den Blick aufeinander getrübt.

Übrigens ist schließlich De Sanctis' bedeutendstes Werk, das den Experten Wellek zu seinem superlativischen Lobspruch verführte, doch noch in deutscher Sprache erschienen – und gilt nach wie vor, auch 110 Jahre nach seiner Entstehung, als unüberholt und unersetzt: Die »Geschichte der italienischen Literatur« (mit einer Einleitung von Fritz Schalk), 1941 in zwei Bänden bei Kröner. Es soll die Achtung vor dieser Publikation nicht mindern, wenn man erwähnt, daß es naturgemäß die politischen Verhältnisse jener Jahre waren, die sich der Übersetzung und Ausgabe als förderlich erwiesen.

Es kann hier nicht um eine angemessene Würdigung des Wissenschaftlers, Bildungsreformers und liberalen Politikers De Sanctis gehen, – wir wollten ihn kennenlernen als einen Mitspieler jenes Kunst- und Lebensvorgangs auf dem Grünen Hügel, der unentwirrbar das Intim-Persönliche mit existenzentscheidenden und werkbedingenden Ereignissen verbindet. Um so eher ist es angemessen, diesen Exkurs zu schließen mit dem die wichtigsten Leistungen De Sanctis' zusammenraffenden Urteil Hugo Friedrichs:

»Es sind vier Momente, in die man den theoretischen Gewinn seines Werkes einteilen kann: die erhöhte Bewertung und Sinngebung der Kritik, die Gliederung des geschichtlichen Stoffes, die Philosophie der Ästhetik und der Einbau des Theorie-Praxis-Problems in die Literaturbetrachtung.« (S. 202)

Man wird sagen können: das ist nicht wenig, – und versteht Welleks Urteil.

Die Passion und ihre Camouflage

»Ach, nein! nein! nicht den De Sanctis hasse ich, sondern mich, daß ich mein armes Herz immer wieder in solcher Schwäche überraschte!« – mit diesem flagellantischen Ausruf beginnt der Beicht-Brief, und er setzt sich fort als eine einzige Konfession der schmerzvollen, sehnsüchtig begehrenden, Verstehen erflehenden Liebe. Endend in Poesie: »Das Wetter scheint mild. Heut' komm' ich in den Garten; sobald ich Dich sehe, hoffe ich einen Augenblick Dich ungestört zu finden! – Nimm meine ganze Seele zum Morgengruße! – –«

Eingeschlossen in diese Umarmung innigster Gefühle dann das »sachliche« Kapitel, Goethe und sein »Faust«.

Es ist aufschlußreich, diese hier sich unverstellt niederschlagenden Vorgänge wieder aufzusuchen in der Schilderung, wie Wagner sie, Cosima diktierend, seiner Autobiographie anvertraut. Die Camouflage ist perfekt; hätten wir den Brief nicht, wir würden versucht sein, aus dem nüchternen Ton auf den nüchternsten Charakter der solchermaßen beschriebenen Vorgänge zu schließen:

»Am 3. April sandte ich das Manuskript der Partitur des ersten Aktes von ›Tristan und Isolde‹ zum Stiche nach Leipzig ab; die mit Bleistift skizzierten Blätter der Instrumentation des Vorspieles, welche ich früher bereits an Frau Wesendonk versprochen hatte, schickte ich dieser in die Nachbarschaft hinüber und begleitete die Sendung mit einem Briefchen [!], in welchem ich ihr ernst und ruhig [!] die damals mich beherrschende Stimmung mitteilte.«

Minna also fängt den Brief ab; liest ihn:

»Da ihr das Verständnis der in diesen Zeilen ausgesprochenen Stimmung durchaus unmöglich war, hielt sie sich desto mehr an eine ihr geläufige triviale Deutung der Worte ...« (Mein Leben, S. 575f.)

Hier indessen folgen wir Minna, und vertrauen gleich ihr der »trivialen Deutung« jenes »Briefchens« und der in ihm angeblich so »ernst und ruhig« sich niederschlagenden Stimmung. Cosima wird die spätere Umdeutung eingeleuchtet haben, – weniger glaubhaft wird sie vielleicht derjenigen erschienen sein, der dieses leidenschaftliche und selbstentblößende Bekenntnis zugedacht war und die vermutlich nie zu Gesicht bekommen hat, was heute jedem zugänglich ist. Wagners fragmentarische Autobiographie (ab Juli 1865 diktiert, endet sie mit dem 4. Mai 1864, der Berufung zu seinem König nach München) ist ein authentisches Dokument insofern, als sie präzis und mit Fleiß jene Figur modelliert, als welche Wagner von der Welt gesehen zu werden wünscht. Von der Welt, von König Ludwig, von Cosima. Ernst Blochs dialektisch charakterisierendes berühmtes Bonmot: »Bis zur Kenntlichkeit entstellt« hat hier seine – begrenzte – Triftigkeit.[27]

Die verantwortete Wirkung

Nun zu dem sachlich sich gebenden, uns vor allem anderen hier angehenden Mittelteil des Briefes. Zu dessen Einleitung, die anhebt mit der rhetorischen Frage:

»Was war das gestern einmal wieder für ein dummer Goethestreit? Daß Goethe für die philisterhafte Akkomodation an die Welt hergerichtet werden konnte, beruht zwar schließlich auf dem Mißverständnis des Dichters; daß es aber doch geschehen konnte, hält mich in wachsamer Bedenklichkeit gegen ihn und namentlich gegen seine Ausleger und Zurechtmacher.«

Ein kluges, ein zwiefach antizipatorisches und auch von (ihrer selbst ungewissen) Prophetie bestimmtes Wort. Zum einen nimmt Wagner hier in einem Aperçu vorweg, was heute die Literaturwissenschaft als »Rezeptionsästhetik« begreift und betreibt. Das heißt, auf eine einfache, die Studien der Forschung etwa von der Konstanzer Schule bis Roland Barthes zusammenraffende Formel gebracht:

Die jeweilige Wirkung eines Kunstwerks ist Teil des Wesens eines Kunstwerks. Es stellt seiner Natur nach ein Potential von Deutungsvarianten zur Verfügung; ja es provoziert – oder evoziert – unter Umständen auch einander extrem entgegengesetzte Deutungen: Sie alle sind legitime, virtuell im Werk angelegte Verstehensweisen. Auch das mithin, was dem Schöpfer, dem Autor und was überdies bestimmten Phasen der Rezeption und Deutung als »Mißverständnis« und »Mißdeutung« erscheint, ist im Kunstwerk angelegt und ein Teil seiner Energie.

Wagner meint hier Goethe, meint die Möglichkeit seiner Akkommodation an philisterhafte und bourgeoise Formen der selbstzufrieden sich selbst bestätigenden Kunstgesinnung des Bildungskleinbürgertums. Aber – und das ist das Zweite –: Wagner hat damit, und weiß nicht wie, die eigene Zukunft vorweggenommen. Es gibt kaum ein Beispiel in der Wirkungsgeschichte der Künste, das derart gezeichnet ist von Für und Wider, von Meinungsstreit und Bekenntnispathos, von der Passion der Verdammung oder Inbrunst der Verklärung wie das seine. Und auch da, wo wir gelassenen Mutes sein Werk als mißverstanden und mißbraucht erklären, muß eingeräumt werden, daß Mißdeutbarkeit und Mißbrauchbarkeit Teil dieses Werkes sind und von der Autorität dieses Werkes (mit)verantwortet werden müssen.

Faust versagt vor Schopenhauer

Wir nähern uns mit einem weiteren Schritt dem Kern der für unsere Untersuchung wichtigsten Partie des Briefes. Nicht ohne am Rande dieses Kerns auf eine wunderliche und in ihrer entwaffnend banalen Menschlichkeit anrührende Entdeckung zu stoßen: Richard Wagner, der Liebende, war eifersüchtig nicht nur auf diesen Italienisch-Lehrer, was man, da Eifersucht ihrer Natur nach keiner rationallogischen Begründung unterliegt, zur Not verstehen wird; war eifersüchtig also nicht nur auf diesen seinen Weg nur passager kreuzenden Gelehrten, –

sondern er war eifersüchtig auf Faust, auf Doktor Heinrich Fausten!

Der Brief nämlich fährt fort:

»Nun, weißt Du, ließ ich auch gestern alles gelten und namentlich Deine große Freude am Faust; aber endlich immer wieder hören zu müssen, der Faust selbst sei der bedeutendste Menschentypus, der bisher von einem Dichter geschaffen, das macht mich – (sehr törichter Weise!) – bös. Ich kann hierüber bei den meinigen keine Täuschung bestehen lassen.«

Wagner, sich – hier wie so oft – im Besitz der Wahrheit wissend, duldet »bei den Seinigen« keine abweichende Meinung. Er ist ein furchtbarer Lehrer. Und wie ist seine Meinung vom Charakter des Doktor Faust? Seine Analyse erweist sich als eine sehr verständige Interpretation:

»Fausts Weltverzweiflung beruht im Anfange entweder auf Welterkenntnis, – dann ist es erbärmlich, wenn er sich beim Wechsel in die verachtete Welt mit großem Aufwand hineinstürzt ...; – oder aber, und so wird's sein, – Faust ist eben nur ein phantastischer Gelehrter, und die eigentliche Welt hat er noch gar nicht durchgefühlt; dann ist er eben nur krüppelhaft unentwickelt, und man mag es gut heißen, daß er in die Lehre der Welt geschickt wird.«

Wir halten vorerst ein und stellen fest: Wo Welterkenntnis notwendig Weltverachtung zur Folge hat, da webt der Geist Schopenhauers, – und fraglos ist er es, auf dessen Spuren Wagner hier Faust naherückt: Nämlich die Welt kennen, heißt sie verachten und heißt, statt sich in sie zu stürzen »mit großem Aufwand«, den törichten Willen zum Leben verneinen. Der das hier feststellt, hat dreieinhalb Jahre zuvor Schopenhauers Hauptwerk bestürzt, entzückt und bestätigt zur Kenntnis genommen und seinen eigenen tragischen Weltentwurf in ihm wiedergefunden: das war im September (oder Oktober) 1854, und Georg Herwegh, Bruder in exilio, war der Vermittler.

So viel zu der einen Alternative. Die andere, den Briefschreiber wahrscheinlicher dünkende:

Da ist der »krüppelhaft unentwickelte« Gelehrte (Wagners Meinung vom Professorenstand war nicht die höchste), er muß weltkundig, vielleicht gar welthellsichtig werden, – und der Weg zu jeder Form von Befreiung oder gar Erlösung des Mannes führt bei Wagner immer nur über die Liebe (und nur allzu oft: über die Opferung) einer Frau – oder um es im Stile der Zeit zu sagen: eines Weibes. Wir werden die solche Behauptung bestätigende Briefpassage zu behandeln haben. Vorerst vergewissern wir uns in Kürze, daß es sich hier in der Tat um das Zentrum von Wagners dramatischer Philosophie handelt:

Der Holländer wird von Ahasvers Fluch der ewigen Wanderschaft erlöst durch die Liebe, den Liebestod einer Frau. Tannhäuser lebt nur durch die Liebe, in der Liebe – und zwar zu zwei Frauen, – und findet Erlösung, findet sein »Heil« durch die Liebe, den Opfertod Elisabeths. Siegfried wird zum Menschen, zum Menschsein erlöst durch die ihre »Gottheit« opfernde Brünnhilde. Tristan und Isolde lösen sich von dieser nichtigen, transzendieren in die eigentliche Welt mit Hilfe von Isoldes Liebestod. Auch die freundlich-belanglose Figur des verliebten Landjunkers Walter von Stolzing wird zur Erheblichkeit, zu Lebens- und Kunstvermögen erst gesteigert und geläutert durch die Liebe Jung-Evchens. (Abseits scheinen der »Lohengrin« zu stehen und der »Parsifal«: Dramen des frauenlosen Mannes. Lohengrin ersehnt nichts sehnlicher als die Erlösung von seinem abstrakt-hehren Amt, als Menschwerdung durch Liebe – durch Liebe, die versteht. Und scheitert an der nichtverstehenden Frau; so wie sie – Elsa – an ihrer eigenen Person scheitert. Diese »silberblaue«, romantische Schwarm-Oper ist das am tiefsten von schwarzem Pessimismus getränkte Werk Wagners. – Und Parsifal erlöst eine Frau und einen Mann, die »der Liebe Wesen« nicht erkennen, nicht ergründen konnten, – tut es kraft seiner Unverführbarkeit durch den Reiz des Sexus, kann es tun durch die – unerotische, asexuelle – Liebe zu Gottes Schöpfung, durch eine heiland-analoge Menschenliebe. Von ihm wird S. 90 die Rede noch sein.)

Wagners Lebens-Liebes-Philosophie also verlangt von dem defizienten Faust, der nun die Chance hat, in die Lehre der Welt geschickt zu werden (ich fahre fort im Brieftext):

»Da wäre es denn nun aber besser, er lernte wirklich, was zu lernen ist, und zwar bei der ersten, so schönen Gelegenheit, der Liebe Gretchens. Ach, wie glücklich ist da aber der Dichter, als er ihn aus der Seelentiefe dieser Liebe heraus hat, um ihn eines schönen Morgens [das meint die 1. Szene des II. Teils: »Anmutige Gegend«] die ganze Geschichte spurlos vergessen zu lassen ... So heißt dieser Faust für mich eigentlich nur die versäumte Gelegenheit; und diese Gelegenheit war keine geringere als die einzige des Heiles und der Erlösung. Das fühlt auch der graue Sünder schließlich und sucht das Versäumte recht ersichtlich durch ein Schlußtableau nachzuholen, – so außerhalbliegend, nach dem Tode, wo's ihn nicht mehr geniert, sondern nur recht angenehm sein kann, von dem Engel an die Brust genommen und gar wohl zu neuem Leben geweckt zu werden.«

So weit Richard Wagner als Goethe-Philologe, als »Faust«-Interpret, und der unbefangene Blick wird einräumen, daß in der Fülle der ernstzunehmenden Faust-Deutungen diese sehr wohl ihren achtbaren Platz einnimmt. Wir erinnern uns indes, daß wir nicht mit Hilfe Wagners ein tieferes Verständnis

Goethes anstreben (das als Nebenergebnis mitzunehmen wir uns freilich nicht scheuen), sondern ein besseres Begreifen Wagners: Und zwar durch ihn selbst auf dem Wege über Goethe. Damit sind wir im Innersten der Wagner bewegenden Kunstphilosophie angelangt. Sie läßt sich abstrakt in das Postulat fassen: Aufhebung der Objekt-Subjekt-Spaltung, der unseligen Diastase von Welt und Menschen. Das Mittel solcher Aufhebung: Aufnahme des Objekts in das Subjekt, der Welt in das menschliche Bewußtsein von sich selbst. Der Weg dazu: das Mitleiden. Wir sind – nicht nur, was den biographischen Kontext, die berichtete Zeit betrifft – inmitten des »Tristan«.

Erlösung durch Mit-Leid

Als der Schriftsteller Detlev Spinell es vermocht hat, Frau Gabriele Eckhof, verehelichte Klöterjahn, im Konversationszimmer des Sanatoriums »Einfried« ans Piano zu bewegen und sie den Zweiten »Tristan«-Akt spielen zu lassen; als dann unter ihren zarten und dem Tode schon anheimgegebenen Händen das große Klangwunder sich entfaltet, das Wunder, das Trug und Trennung aufhebt und die Welt als täuschendes Blendwerk enthüllt: »selbst dann, o Wunder der Erfüllung!, selbst dann bin ich die Welt«: – da wendet sich die solchermaßen mit zarten Fingern einen Kosmos hervorzaubernde junge Frau in schöner Unbefangenheit an ihren entrückt-nahen Zuhörer: »›Ich verstehe nicht alles, Herr Spinell; sehr vieles ahne ich nur. Was bedeutet doch dieses Selbst – dann bin ich die Welt?‹ – Er erklärte es ihr, leise und kurz. ›Ja, so ist es‹«.

Wie ist es? Was läßt Thomas Mann in seiner »Tristan«-Novelle aus dem Jahre 1901 hier seinen traurigen Décadent erklären, – so erklären, daß des breitspurigen Großhändlers Klöterjahn zartinnige und zartsinnige Gattin widerstandslos versteht, was er uns vorenthält?

Die in Wagners Briefbeichte folgende, für unsere Überlegungen entscheidende Passage ist nur zu verstehen, wenn wir auf Äußerungen Wagners – als des Schülers Schopenhauers – zurück- und vorausgreifen. Nicht auf solche seiner verquer räsonierenden Theoreme, sondern auf Konfessionen persönlichster Art: im Werk, im Tagebuch-Brief.

Ein halbes Jahr vor diesem dramatischen April, im August/September 1857, hatte Wagner binnen weniger Wochen die Dichtung von Tristan und Isolde niedergeschrieben. Die Musik der Zweiten Szene des Zweiten Aufzugs führt uns – von Thomas Mann unübertrefflich paraphrasiert – die totale Verschmelzung von zwei Menschen zu einer Wesenseinheit vor, wie sie nicht durch Liebe allein gelingen kann, sondern nur durch jene Liebe, die den ruchlosen Willen zum Leben – als einer fragwürdigen und absolute Liebe verhindernden Daseinsform – verneint. In chromatisch aufsteigenden Intervallen setzt der betörende Zwiegesang ein: »O sink hernieder, Nacht der Liebe ..., löse von der Welt mich los!« Von jener Welt, die nichts ist als ein leeres »Blenden«, irrig »trügend«, und von täuschendem »Wahn« hingestellt. In Schopenhauers Sprache: die nichts ist als ein Gebäude aus Willen und Vorstellung. Wenn es uns, wenn es den beiden Liebenden gelingt, von ihr den Blick »wonnerblindet« abzuwenden, dann »erbleicht«, also vergeht sie als Phantom, und »selbst dann bin ich die Welt«. Ein Duett, höchste Opernkunst, wie der Theoretiker Richard Wagner sie doch zu meiden und zu überwinden meinte – und wie er sie hier in letzter vollkommener Konsequenz vorführt: da nur der die Stimmen ineinander aufgehen lassende Zwiegesang die höchste Einung wiedergeben kann. Die Liebenden versinken »in gänzliche Entrücktheit« (Szenenanweisung), sind ihre eigene Welt, sind (selbst) die Welt geworden, haben die Welt in sich aufgenommen: Aufhebung der Subjekt-Objekt-Trennung.

Wagner, als er Zürich und den Grünen Hügel verlassen hat, macht sich in Venedig an ein »Tagebuch seit meiner Flucht aus dem Asyl 17. August 1858«: intensivste Form der Fortführung einer anders nicht mehr fortzuführenden Liebesbeziehung. Am 1. Oktober ergeht er sich, angeregt durch ein trivial-brutales Erlebnis (ein Geflügel-Verkäufer reißt einem Huhn den Kopf ab), in langen und eindringlichen Spekulationen und Expektorationen über die Gefühle der Freude, des Leids und des Mitleids als soziale Empfindungen. Es sei ihm nunmehr, meint er, »immer gegenwärtiger geworden, dass ich den gerechten Grund aller meiner Leiden eigentlich darin erkenne, dass ich Leben und Streben immer noch nicht mit Bestimmtheit aufgeben kann«. Daß er also, es mit Schopenhauer (als Erzieher) zu sagen, den frevelhaften Willen zum Leben noch nicht aufgegeben, nicht in dessen Verneinung umgesetzt hat. Er wendet sich ab von denjenigen, die Besitz und Glück erstreben und sich all das peinlich vom Leibe halten, was ihnen Mitempfindung erzeugen könnte und sie also jenes Elend spüren ließe, auf dem auch ihr Wohlstand und Wohlsein beruht: Ihn, Wagner, ziehe es hingegen »mit sympathisch drängender Gewalt zu jener andren Seite« hin, »wo alles mich erst nur in so fern berührt, als es mir Mit-Gefühl, das ist: Mit-Leiden erweckt«. Und nun das fundamentale Axiom: »Dieses Mitleiden erkenne ich in mir als stärksten Zug meines moralischen Wesens, und vermutlich ist dieser auch der Quell meiner Kunst.«

Dabei geht es um das Leiden des Anderen nur insoweit, als es dem Mitfühlenden Leid und Leiden affiziert: »Es handelt sich hier nicht darum, was der Andere leidet, sondern was ich leide, wenn ich ihn leidend weiß.« Was wiederum schopenhauerisch begründet wird: »Wir kennen ja alles ausser uns Existirende nur in so weit, als wir es uns vorstellen, und wie ich es mir vorstelle, so ist es für mich.« Das Leid, wie es mit dem Leben gegeben ist; das Leiden der Kreatur, des Tieres, wenn es irgend »einen Zweck haben kann, so ist dies einzig durch Erwekkung des Mitleidens im Menschen, der dadurch das verfehlte Dasein des Thieres in sich aufnimmt, und zum Erlöser der Welt wird, indem er überhaupt den Irrthum alles Daseins erkennt.« In einer nun folgenden Klammer verweist Wagner auf den Dritten Akt des »Parzival« (damals noch in dieser Graphie), dessen Text zwar erst zwanzig Jahre später in der Endfassung des Gedichtes vorliegen wird, der ihn indes seit dem Marienbader Kuraufenthalt 1845 immer wieder in Schüben des Interesses beschäftigt und dessen Rohaufriß in drei Aufzügen er um die Karfreitagszeit vor einem Jahre niedergelegt hat. Was im Hinblick auf die Erlösungsproblematik des »Bühnenweihfestspieles«, wie wir sie oben (S. 84) andeuteten, heißen kann: Gemäß der Willensmetaphysik und Mitleidsethik Schopenhauers ist es das Mitleid Parsifals mit Kundry wie mit Amfortas, das ihn erlösensfähig macht: nachdem er »wissend«, das heißt das Wesen der Welt erkennend (»welthellsichtig«) geworden ist. »Die Anlage zur Welterlösung« also ist jedem Menschen gegeben, – was sowohl »Erlösung der Welt« wie »Erlösung von der Welt« heißt, da das eine im anderen ist.

Daß er diese Anlage nicht nutzte, macht »den Menschen so widerwärtig« im Urteil Wagners.

Nunmehr entschlüsselt sich das Zentrum des Goethelobs, des Faust-Tadels in der »Morgenbeichte« wie von selbst und gibt den Blick frei auf den »Quell« nicht von Goethes, aber doch von Wagners Kunst, – zumindest wie er ihn sprudeln spürte in seinem Selbstverstehen jener Lebens- und Schaffensphase:

»Das heiß ich nun alles recht gut, und Goethe bleibt mir immer gleich groß als Dichter, denn er bleibt immer wahrhaftig und kann nicht anders: auch mögen die Leute das objektiv nennen, nämlich wenn das Subjekt nie dazu kommt, das Objekt, die Welt, in sich aufzunehmen (was nur durch tätigstes Mitleiden geschehen kann), sondern sich dafür einzig das Objekt vorführt, betrachtend sich darin versenkt, durch Anschauung, nicht durch Mitgefühl (denn dadurch würde er die Welt selbst – und dieses Weltwerden des Subjekts ist eben die Sache des Heiligen, nicht des endlich zum Philistervorbild gewordenen Faustdichters).«[28]

Der Genuswechsel in dieser Passage ist bezeichnend: *das* Subjekt schaut betrachtend, nicht mitfühlend, denn durch Mitfühlen würde *er* selbst die Welt ... »Er« ist allererst Faust, der – wie soeben im Brief zu lesen – Gretchen »spurlos« vergißt, »damit er nun die eigentliche große Welt, die antike Kunstwelt, die praktisch-industrielle Welt, mit möglichst Behagen vor seiner recht objektiven Betrachtung abspielen lassen könne«. Aber wenn dann der »Faustdichter« den Satz beschließt, ist deutlich, wie Wagners *er* hier den einen mit dem andern, Faust mit Goethe, gleichzusetzen versucht ist. So endet denn auch die Passage in einer würdigen Apologetik dessen, was Wagner doch als Haltung eben noch bitterlich meinte geißeln zu müssen: die Vorenthaltung des Mitleidens. Er spielt an auf jene Attitüde der Selbstbewahrung, die Goethe das Tragische meiden ließ wie dessen Poetisierung in den Werken etwa Kleists oder Hölderlins, auf daß ihm die fragile Statik der selbstrettenden, harmonisch sich gebenden Gemessenheit nicht zerbrach und ihren getragenen Träger bodenlos fallen ließ. Wagner sagt es weniger gehoben:

»... endlich freut mich auch immer wieder an Goethe, daß er das Mißliche seines Treibens immer fühlte und doch kein Behagen dabei fand, daß er sich das große Mitleiden so angelegentlich vom Halse hält, – und, wie gesagt, mir ist Goethe ein Naturgeschenk, durch welches ich die Welt kennen lerne wie durch wenige andre. Er tat was er konnte und – Ehre ihm! – «

Zum Ende aber des Briefes schließt sich der Motivring, es muß doch noch einmal des Ärgers und Ärgernisses gedacht werden, der den Schreiber empörenden Verklärung der fragwürdigen Faustfigur durch die geliebte und liebenswerteste Frau, – und merkwürdig genug: Richard Wagner scheint sich gar nicht bewußt gewesen zu sein, daß doch ein gut Stück dessen, was man zu Recht, wenn auch ein wenig klischeehaft »das Faustische« nennt, auch in ihm wirkt und webt: in ihm, dem intellektuell monologisierenden Monster, dem unruhvoll immer Getriebenen, dem weltverändernden Revolutionär, dem Menschenfresser, der die Menschen sucht wie nutzt wie verläßt, dem so systematisch wie rücksichtslos Neuland Erstrebenden und Bebauenden ...

»Ehre ihm!« also salutiert er:

»Aber aus seinem jämmerlichen Faust einen edelsten Menschentypus machen zu wollen? Das kommt daher, daß es der Welt Angst wird, wenn es an die Tiefe des großen Problems des Daseins geht; wie lieb ist's nun den Leuten, daß der Faust da endlich abspringt und sich entschließt, da er nun doch einmal von der Welt nicht lassen will, sie zu nehmen wie sie ist. Ja, wüßtet ihr nur, daß er von da an auch nur noch den Mephistopheles zum Führer hat, und macht euch darauf gefaßt, ewig von dem Lügengeiste gequält zu werden, nachdem euch die holde Erlöserin, das herrliche Gretchen, schmerzlich erhoben den Rücken gewandt hat. Das wußte Goethe wohl; aber ihr sollt's auch wissen! – «

Dann folgt, endend im »Morgengruße«, die liebevoll-intime Coda. Die auch ihrerseits diese ganze Daseins-Kunst-Philosophie packt und nutzt zum einzigen ihr gemäßen Zweck: Liebe zu geben, zu empfinden. Was nämlich sagt der Briefschreiber als Anti-Faust zum Schluß, sein »dummes Zeug«, seinen Redefluß kritisierend, und Mathildes »Auge« suchend?

»Sieh, dann ist mir alles so unbestreitbar wahr, dann bin ich meiner so sicher, wenn dieses wunderbare, heilige Auge auf mir ruht und ich mich hinein versenke! Dann gibt es eben kein Objekt und kein Subjekt mehr; da ist alles eines und einig, tiefe, unermeßliche Harmonie! Oh, da ist Ruhe, und in der Ruhe höchstes, vollendetes Leben!«

Wenige Wochen später wird er daran gehen, die Grammatik der Philosophie und die Syntax der Gefühle in Musik umzusetzen: im Nachtgesang des Zweiten »Tristan«-Aufzugs. In jenem »Aufstieg der Violinen«, welcher – um dem unübertroffenen Darsteller von Leiden und Größe Richard Wagners: dem bibelsprachkundigen Thomas Mann (und damit dem Philipperbrief) das letzte Wort zu lassen – »höher ist als alle Vernunft«.

Anmerkungen

1 Ed. Martin Gregor-Dellin, 1976, S. 99.
2 S. Martin Gregor-Dellin, Richard Wagner, 1980, S. 694 ff.
3 »Wagner«, ²1979, S. 240 f.
4 Im dritten Band seiner »Geschichte der Literaturkritik 1750–1950«, 1977, S. 117, zuerst englisch 1965.
5 S. 92, S. 475.
6 Wellek, S. 92.
7 Bd. 51, 1937, S. 187–218, Zitat S. 188.
8 II, S. 38.
9 I, S. 132.
10 Zitiert nach Friedrich, S. 188, Anm. 4. – »Wenn ich sage, daß Leopardi ein großer Dichter ist, fragen sie mit einem ungläubigen Lächeln zurück: Vraiment?« (Die Übersetzungen aus dem Italienischen verdanke ich Herrn Dr. Hans-Georg Dewitz.)
11 S. Friedrich, S. 203, Anm. 21.
12 A cura di Niccolo Gallo con introduzione di Natalino Sapagno, Torino 1952, p. 4 seq. – »Zwischen Italienern und Franzosen bestand ein wenig Sympathie; aber die Deutschen schauten mit einer gewissen beschützerischen Überheblichkeit auf uns herab, die mich schmerzte. Schlimmer war's noch, sie reden zu hören. Wir waren die Welschen, die Vertreter des Abendlands, und wir hatten ausgespielt; die Welt gehörte ihnen .... Diese Ansichten erschienen mir höchst merkwürdig und ließen meine Sympathie für die Deutschen erkalten, die genährt gewesen war von meiner großen Liebe zu ihren Philosophen und Dichtern, in deren Sphäre ich mir mein geistiges Rüstzeug

erworben hatte. Genausowenig konnten mich ihre Ansichten über unsere Literatur begeistern. Gerade einmal Dante nahmen sie von ihrer Geringschätzung aus, wie Wagner gerade einmal Rossini.« – Ich danke diesen Hinweis wie den auf die folgenden Äußerungen De Sanctis' zu Wagner der liebenswürdigen Hilfe Professor Michele Feo's, Dipartimento di Studi sul Medioevo e il Rinascimento, dem ich für die Sammlung der verstreuten Zitate aufrichtig verpflichtet bin.

13 Wellek, S. 107.

14 Francesco De Sanctis, Lettere dall'esilio (1853–1860), raccolte e annotate da B.C., Bari 1938, p. 232 seqq., hier p. 234, – »Sie wollte nach Damenart lernen, um zu plaudern, und De Sanctis war dafür nicht der geeignete Lehrer.«

15 Croce, p. 234.

16 Croce, p. 235.

17 Lettere a Pasquale Villari, con introduzione e note di Felice Battaglia, Torino 1955, p. 53.

18 Croce, p. 236.

19 Epistolario (1856–1858), a cura di Giovanni Ferretti e Muzio Mazzocchi Alemanni, Torino 1965, p. 447. – »Ich bin jetzt dabei, den großen Schopenhauer zu lesen, der den vier Weltgegenden seine Größe verkündet, und den großen Wagner, das Genie der Zukunft, wie er sich in aller Bescheidenheit und mit Verachtung gegenüber den Zeitgenossen nennt, die ihn nicht verstünden. – Angesichts dieser beiden Scharlatane muß ich dich, Camillo, um so mehr schätzen.«

20 Worauf mich Professor Feo in einem Brief als eine Möglichkeit der Deutung hinweist.

21 Saggi e scritti critici e vari, Volume terzo Saggi critici, a cura di L. G. Tenconi, Milano 1936, p. 214. – »D. Aber heute, mein Lieber, will die Frau nicht mehr mit

Süßigkeiten abgespeist werden: das galante Benehmen ist aus der Mode gekommen; sie will die Kraft spüren; und je mehr du ihr davon sprichst und sie davon spüren läßt, um so mehr mag sie dich. Und wenn du ihr schüchtern und ehrerbietig gegenübertrittst, nennt sie dich in ihrem Herzen gleich einen Dummkopf und fängt an, dich zu schulmeistern.« – So hörte man es von Goethe: »Geh den Weibern zart entgegen,/Du gewinnst sie, auf mein Wort;/ Und wer rasch ist und verwegen/Kommt vielleicht noch besser fort...«

22 Croce, p. 240.

23 Gaspary über den Goethekenner De Sanctis: »Seine Auffassung der deutschen Literatur ist daher ebenso frei als fein; man lese nur die zerstreuten Bemerkungen über den Faust«: II, S. 31.

24 Croce, p. 246–248.

25 Croce, p. 251.

26 Croce, p. 251.

27 S. dazu auch Gregor-Dellins informatives Nachwort zu seiner Edition.

28 Hervorhebung von mir.

Literatur

Ich nenne aus der längst unübersehbar gewordenen Wagner-Literatur nur die wichtigsten Titel zu dem hier behandelten Ausschnitt:

Zum Allgemeinen: Richard Wagner, Mein Leben, hrsg. von Martin Gregor-Dellin, 1976. – Martin Gregor-Dellin, Richard Wagner. Sein Leben – Sein Werk – Sein Jahrhundert, 1980.

Zum Themenkomplex »Mitleid« und »Liebe«: Dieter Schickling, Abschied von Walhall. Richard Wagners erotische Gesellschaft, 1983, bes. S. 161 ff., S. 179 ff. Schicklings hellhörige Unbefangenheit hat ihn Wagner-hellsichtig gemacht und ihn eines der aufschlußreichsten und faszinierendsten Wagner-Bücher unserer Zeit schreiben lassen.

Zum spezifischen Thema Wagner und Goethe liegt wenig vor, ich danke manche Anregung dem kleinen Aufsatz von Peter P. Pachl in den Festspielnachrichten Bayreuth, Nordbayer. Kurier 1978 (»Parisfal«). – Auf deprimierende Weise aufschlußreich das Programm der vom Wolzogen herausgegebenen »Bayreuther Blätter« im Gedenkjahr 1932: Wagner- und Goethekult vermischen sich da zu einem erschreckend-furchtbaren Gebräu völkisch-nationalistischen Sinngemurmels. – Sodann: Sehr nützlich immer noch die Zusammenstellung der wichtigsten Äußerungen Wagners über Goethe in Carl Friedrich Glasnapps Wagner-Enzyklopädie, 1891, S. 230–247.

Dazu natürlich Cosimas Tagebuchaufzeichnungen, in zwei Bänden herausgegeben von Martin Gregor-Dellin und Dietrich Mack, 1976 und 1977.

Zu Thomas Manns Novelle »Tristan« verweise ich auf P.W., Tristan der Held Richard Wagners, 1981, S. 150–170.

Der Text von Wagnerss »Morgenbeichte« findet sich außer in der Edition der Sammlung Burrell (von John N. Burk, New York 1950; Frankfurt a.M. 1953, hier S. 490–493) z.B. im Anmerkungsteil von Gregor-Dellins Ausgabe »Mein Leben«, S. 819–821 (von mir zitierte Fassung) oder in der klugen Auswahl der Wagner-Briefe von Hanjo Kesting, 1983, S. 355–358.

Der Tagebuchbrief vom 1. Oktober 1858 in Wolfgang Golthers Edition der Briefe Richard Wagners an Mathilde Wesendonck, 1908 u.ö., S. 49–54.

Der Brief Wagners an Meyerbeer in: Richard Wagner, Sämtliche Briefe, hrsg. im Auftrage der Richard-Wagner-Stiftung Bayreuth von Gertrud Strobel und Werner Wolf, Leipzig ^{2}1976, S. 384–389.

Thomas Mann über Richard Wagner: Die wichtigsten Arbeiten und Äußerungen zusammengestellt von Erika Mann, 1963: Wagner und unsere Zeit; jetzt als Fischer-Taschenbuch 2534, 1983.

Was Wagners kritische Distanz zur Faust-Gestalt angeht, so möchte die Tiefenpsychologie, der von keiner Fehldeutung bange ist, gewiß eine namenbedingte Determination annehmen: Ein jeder Wagner muß Fausten fürchten, da der ja eines Wagners bedrohliches Über-Ich und gefährdende Vater-Figur ist ...

Wagner selbst sah das laut einer Tagebuchnotiz Cosimas unkomplizierter: »Wäre ich ein Schafskopf, hieße ich nicht Wagner, denn alle Wagners seien besonders geniale Leute, wie man schon im »Faust« sehen könne«.

Quellennachweis

»Der Ring und sein Kreislauf« erschien zuerst im Programmheft VI (»Götterdämmerung«) der Bayreuther Festspiele 1984, herausgegeben von Wolfgang Wagner, Redaktion Oswald Georg Bauer, Seite 25–50.

»Rivale Faust« erschien zuerst im Jahrbuch des Freien Deutschen Hochstifts 1984, herausgegeben von Christoph Perels, Tübingen 1984, Seite 128–156.

Abbildungen

Die Vorlagen zu den Abbildungen der Seiten 46, 47 und 48 verdanken wir dem Archiv für Kunst und Geschichte, Berlin.

Den farbigen Vorsätzen liegen Postkarten zugrunde, deren erste eine Farbradierung von C. Schweininger zeigt, die zweite einen Bühnenbildentwurf von Max Brückner.

Der Schutzumschlag zeigt eine Aufnahme der Ring-Inszenierung von Patrice Chéreau in Bayreuth, die Vorlage liegt beim Bildarchiv der Bayreuther Festspiele.

Peter Wapnewski

geboren 1922 in Kiel. Nach seiner Soldatenzeit 1941 bis 1944 studierte er in Berlin, Freiburg, Jena und Hamburg, wo er 1949 zum Dr. phil. promoviert wurde. Nach Assistentenjahren in Heidelberg, der Habilitation 1954 und Gastsemestern in Tübingen und an der Harvard University wurde er 1959 auf den Ordentlichen Lehrstuhl der Älteren Germanistik an der Universität Heidelberg berufen, den er 1966 mit dem an der Freien Universität Berlin vertauschte, um über die Universität Karlsruhe (1969 bis 1980) wieder nach Berlin zurückzukehren, und zwar an die dortige TU.
1980 bis 1986 war er der erste Rektor des Wissenschaftskollegs zu Berlin (Institute for Advanced Study).
Seine Bücher und Aufsätze sind der deutschen Literatur des Hohen Mittelalters gewidmet (Minnesang; Walther von der Vogelweide; Wolfram von Eschenbach; Hartmann von Aue; Gottfried von Straßburg und Nibelungenlied) sowie der Dichtung des 19. und 20. Jahrhunderts. Seit zehn Jahren gilt seine besondere Aufmerksamkeit, sich in drei Büchern und einer Reihe von Artikeln niederschlagend, dem mächtigsten Mittler des Mittelalters: Richard Wagner.

Der Siedler Verlag ist ein gemeinsames Unternehmen der Verlagsgruppe Bertelsmann und von Wolf Jobst Siedler.

CIP-Kurztitelaufnahme der Deutschen Bibliothek

Wapnewski, Peter: Liebestod und Götternot. Zum »Tristan« und zum »Ring des Nibelungen« / Peter Wapnewski. – Berlin: Siedler, 1988. (Corso bei Siedler).
ISBN 3-66860-277-9

 Satz: Bongé & Partner, Berlin. Ausstattung: H.P. Willberg, Eppstein/Ts. Reproduktionen: Faesser, Berlin. Druck und Buchbinder: Clausen & Bosse, Leck.
Printed in Germany 1988.
ISBN 3-88680-277-9

Brückner
Das Rh